西北大学"双一流"建设项目资助
Sponsored by First-class Universities and Academic
Programs of Northwest University

国际私法原理

GUOJI SIFA YUANLI

主编　代水平

西北大学出版社

·西安·

图书在版编目（CIP）数据

国际私法原理／代水平主编.--西安：西北大学出版社，
2019.12
ISBN 978-7-5604-4457-4

Ⅰ.①国… Ⅱ.①代… Ⅲ.①国际私法—法的理论
Ⅳ.①D997

中国版本图书馆 CIP 数据核字（2019）第 272184 号

国际私法原理

主编　代水平

出版发行　西北大学出版社

（西北大学校内　邮编：710069　电话：029-88302621　88303593）

http://nwupress.nwu.edu.cn　　E-mail: xdpress@nwu.edu.cn

经	销	全国新华书店
印	刷	西安华新彩印有限责任公司
开	本	787 毫米×1092 毫米　1/16
印	张	11.5

版	次	2019 年 12 月第 1 版
印	次	2019 年 12 月第 1 次印刷
字	数	224 千字

书	号	ISBN 978-7-5604-4457-4
定	价	30.00 元

本版图书如有印装质量问题，请拨打 029-88302966 予以调换。

欢迎加入
国际私法教与学
交流圈

目　录

第八章　物权法律冲突与法律适用

第九章　债权法律冲突与法律适用

第十章　知识产权法律冲突与法律适用

第十一章　国际民事诉讼

第十二章　国际商事仲裁

第一章 国际私法的基本概要

知识脉络图

国际私法的概念界定
- 国际私法的定义
- 国际私法与相关部门法的关系
- 国际私法与国际私法学

国际私法的核心任务
- 法律冲突的含义
- 法律冲突的类型
  - 国际法律冲突
  - 区际法律冲突
  - 时际法律冲突
  - 人际法律冲突
- 国际民事法律冲突

国际私法的调整对象
- 涉外民事关系的界定
- 涉外民事关系的特点

国际私法的规则范围
- 国际私法范围的不同主张
- 中国国际私法的规则体系

国际私法的主要渊源
- 国内立法
- 司法判例
- 国际条约
- 国际惯例
- 法理学说

国际私法的基本原则
- 尊重主权原则
- 平等互利原则
- 保护弱者原则

第一节　国际私法的概念界定

一、国际私法的定义

定义常用来揭示事物的本质属性。本质属性相同的事物,因观察角度的不同,往往在表述上略有差别,国际私法也不例外。各国学者对国际私法下过不同的定义,大体可以归纳为以下几种。

(1)从职能确定或者法律适用的角度来给国际私法下一个较为抽象的定义。例如,德国学者沃尔夫认为,国际私法的职能是在同时都是有效的几个法律体系中,决定哪个法律体系应该适用于一些特定的事实。[①] 我国法学家李浩培认为,国际私法是指在世界各国民法和商法互相歧义的情况下,对含有涉外因素的民法关系,解决应当适用哪国法律的法律。[②] 上述定义或明或暗地指出了国际私法的基本职能是解决法律冲突,要在不同国家的法律之间进行选择适用。如此下定义,比较抽象,难以直观地明晰国际私法所描述的事物。

(2)通过列举规则内容或者明确规则范围的角度来给国际私法下一个相对具体的定义。例如,英国学者戚希尔和诺斯认为,英国所理解的国际私法是在处理含有涉外因素案件时的判定:一是法院在什么条件下对案件有管辖权;二是不同种类的案件应适用哪一国法律来确定当事人的权利与义务关系;三是在什么条件下可以承认外国的判决,以及在什么条件下外国判决赋予的权利可以在英国执行。[③] 再如,我国学者章尚锦、杜焕芳认为,国际私法是在国际民事交往过程中形成的,体现一国或者国际协调意志的,用来调整具有法律冲突和法律适用的国际民事关系的产生、变更、终止和处理争议的,规定在国内法、一些国家的判例法、国际条约和国际惯例中的,关于外国人民事法律地位规范、冲突规范、国际民事诉讼和国际商事仲裁程序规范的总称。[④] 采取列举的方式来

---

① 沃尔夫.国际私法[M].2版.李浩培,汤宗舜,译.北京:北京大学出版社,2009:6-7.
② 中国大百科全书:法学卷[M].北京:中国大百科全书出版社,1984:228.
③ 韩德培.国际私法新论:上[M].武汉:武汉大学出版社,2009:20.
④ 章尚锦,杜焕芳.国际私法[M].5版.北京:中国人民大学出版社,2014:7.

下定义,其优点是能直观反映国际私法的基本面貌,不足之处在于有违定义力求简洁的基本要求。

(3)采取折中的办法,给国际私法下一个较为综合性的定义。例如,我国法学家韩德培认为,国际私法是以直接规范和间接规范相结合来调整平等主体之间的涉外民商事法律关系并解决涉外民商事法律冲突的法律部门。① 类似地,李双元认为,国际私法是以涉外民事关系为调整对象,以解决法律冲突为中心任务,以冲突规范为最基本的规范,同时包括规定外国人民事法律地位的规范以及国际民事诉讼与仲裁程序规范在内的一个独立的法律部门。② 上述定义明确了国际私法的部门法属性,比较契合部门法定义的惯常表达。

除上述定义之外,还有不少学者从多个角度给国际私法下定义,总体而言,难免都有一些偏颇之处。本书无意给国际私法下一个新的定义,比较赞同李双元的界定,因为该定义既明确了国际私法的调整对象和中心任务,同时也指出了其最基本的规范是冲突规范,较为全面地揭示了国际私法的本质属性。

二、国际私法与相关部门法的关系

事物普遍联系的属性决定了其相互之间既有区别,又有联系。为了更为清晰地认识某种事物,人们通常会把相近的事物进行比较。国际私法和法律体系中的诸多部门法虽有密切的关联,但也有明显的区别。以下就国际私法和国际公法、国际经济法、国内民法、民事诉讼法的相互关系作简要梳理,以厘清它们在法律体系中的位置,以求更好地掌握国际私法这一概念。

(一)国际私法与国际公法

广义上的国际法包括国际公法、国际私法和国际经济法,即俗称的"三国法"。国际公法和国际私法两者之间,有相同之处,也有显著区别。

相同之处在于:一是调整的社会关系都具有涉外性,都是在国际交往中产生的。国际公法主要调整主权国家之间以及其他具有国际人格的实体之间的关系;国际私法调整的是民事主体之间的人身和财产关系。二是遵循的基本原则都具有平等互利性。国际公法偏重主权和领土等方面的相互尊重,国际私法偏于私人主体的利益交换。三是使用的概念术语具有共同性,如主权、国籍、国际条约、国际组织等。四是实现的终极目标具有一致性。二者都是为了促进国家之间的友好往来和实现共同繁荣发展,都对人类命运共同体的形成具有重要

---

① 韩德培.国际私法新论:上[M].武汉:武汉大学出版社,2009:20.
② 李双元、欧福永.国际私法[M].5版.北京:北京大学出版社,2018:14-15.

作用。

不同之处在于：一是主体类别不同。国际公法的主体一般为主权国家，而国际私法的主体主要是自然人和法人。二是调整对象不同。国际公法调整的是主权国家之间的政治、外交、领土和军事等关系，国际私法调整的主要是自然人、法人等之间的民商事交往关系。三是法律渊源不同。国际公法的主要渊源是国际条约和国际习惯，国际私法的主要渊源除了国际条约和国际惯例外，还包括各国的国内立法和判例。

（二）国际私法与国际经济法

国际私法和国际经济法同样是既有区别又有联系。相同之处在于：一是二者都涉及涉外关系，调整范围有一定的重合之处。尤其是主张"大国际经济法"的学者甚至认为国际经济法可以在一定程度上涵盖国际私法的内容，而主张"大国际私法"的学者也认为国际经济法中一些实体性的国际条约和国际惯例也可以纳入国际私法的范围。例如，用于解决涉外民事主体之间合同纠纷的《联合国国际货物销售合同公约》，既是国际经济法的主要内容，也是国际私法直接调整方法中常用的法律规范。二是二者所遵循的原则基本一致，即平等互利。不论是国际经济法中的规则遵循，还是国际私法中的法律适用，都力求反映国家之间的主权平等和互利共赢。当然二者也存在一些差别，最主要的是调整对象和调整方法。调整对象方面，国际经济法调整的很大一部分关系是不同国家之间在国际经济交往中形成的带有管理性质的纵向法律关系，而国际私法调整的则是平等主体之间的私人民事法律关系；调整方法方面，国际经济法主要运用的是直接调整的方法，而国际私法则采取直接调整和间接调整相结合的方法。

（三）国际私法与国内民法

国际私法和国内民法的联系十分紧密，一方面体现为二者都是调整平等主体之间的人身与财产关系，具体涉及物权、债权、知识产权、婚姻家庭、继承等；另一方面，国际私法所调整的涉外民事关系，有很大一部分最终适用的是一国的国内民法，从某种意义上来说，国际私法是以国内民法为基础的。

当然，二者的区别也是比较明显的：首先，规范的性质有所不同。国际私法中特有的法律规范，即冲突规范不同于国内民法中的实体法规范，前者是一种指引法官选择法律、不直接确定当事人权利义务的间接规范，后者则是可以直接确定当事人权利义务的实体法规范；其次，调整对象不同，国际私法调整的是涉外民事关系，国内民法调整的则是没有涉外因素的关系，因此，一个民事案件是否有涉外因素是区分国际私法和国内民法的关键所在。

（四）国际私法与民事诉讼法

国际私法和民事诉讼法也是既有区别又有联系的。二者的联系在于任何涉外民事案件的处理，都需要遵从一定的诉讼法规范，在国家司法主权原则的指导下，处理涉外民事案件，既要寻找合适的实体法规范，也要遵循一定的诉讼法规范，且诉讼法规范是本国的国内法抑或是一些相关的国际公约或者国际惯例。由于涉外案件在管辖权确定、调查取证以及判决的执行等方面均有一定的特殊性，因此，各国会制定一些专门用于处理涉外案件的程序规则。从立法体例来看，绝大部分国家把它列为本国民事诉讼法的一部分，如我国在《民事诉讼法》第四编中就有专门规定。也有国家针对诉讼中的特定问题制定专门的立法，如英国的《域外取证法》。不论何种立法体例，其实都属于国内民事诉讼法。基于此，一般把处理涉外案件的诉讼法规范也纳入国际私法的范围之中，成为国际私法的重要组成部分。二者的区别也是很明显的，国际私法的核心规范是冲突规范，不同于诉讼法规范，而民事诉讼法的核心规范是程序性规范。

三、国际私法与国际私法学

部门法和部门法学的相互关系在任何一个法学分支学科中都存在，对其联系和区别的分析基本上是一致的，如民法和民法学、刑法和刑法学等。部门法是法律体系的构成单位，它是按照调整对象和调整方法的不同而划分的，是一类法律规范，而部门法学则是法学体系的组成部分，是根据研究对象的不同而划分的，是一种理论学说。具体到国际私法和国际私法学，国际私法是指一系列调整涉外民事关系的法律规范，如我国的国际私法规范就包括《法律适用法》《海商法》《民用航空法》以及《票据法》等部门法中的相关规定。国际私法学则是以国际私法规范为研究对象的理论，如学界对国际私法范围认定、立法体例安排以及国际私法具体制度的种种争论。从国际私法制度和学说的发展历史来看，二者历来是唇齿相依的关系，初期的国际私法主要是学说法，时至今日，部分国家仍然把学说作为国际私法的重要渊源。学说的不断创新发展能够不断完善国际私法规则，各国的国际私法规则也为国际私法学说的繁荣提供了丰富的依据。基于此，人们在日常表述中，往往对二者不做区分，更多的时候，提及国际私法实际上就是指国际私法学。就我国而言，绝大多数国际私法教材或者著作都以"国际私法"为名，也有"国际私法学"之称。

第二节　国际私法的核心任务

一、法律冲突及其类型

(一)法律冲突的含义

法律冲突也称之为法律抵触,是指不同法律之间由于内容上存在差异,导致其在解决同一个法律问题时所产生的相互矛盾或者不一致的现象。法律根源于物质生活,由于经济社会发展程度存在差异,加之受历史传统的影响,不同国家甚至一个国家内部不同地区之间所制定的法律也是不同的。当某种法律问题涉及这些法律时,就会出现法律冲突。此外,一个国家不同层次的法律法规之间也可能会发生相互矛盾的现象,即所谓上位法和下位法之间的冲突,也可能出现新法和旧法之间的冲突。还有可能出现的是在特定国家,针对不同种族、民族以及不同宗教信仰的群体,所适用的法律是不同的,也会产生法律冲突。一般把以上几种法律冲突分别称之为国际法律冲突、区际法律冲突、时际法律冲突和人际法律冲突。

(二)法律冲突的类型

1. 国际法律冲突

国际法律冲突实际上就是指国际民事法律冲突,对于同一民事关系,因所涉各国民事法律规定不同而发生的法律适用上的冲突。最为常见的是对自然人民事行为能力的认定。不同国家对于自然人民事行为能力的认定标准是不同的,单以年龄为依据,有的国家规定完全民事行为能力人的年龄须满十八周岁,有的则是二十周岁,也有的是十六周岁。如果甲、乙两人分别来自不同的国家,而且两个国家规定的民事行为能力的年龄要求不同,根据不同国家的法律规定,对当事人民事行为能力的认定会出现差异,进而影响双方当事人民事交往的法律后果。这就是国际私法所要研究和解决的国际民事法律冲突。

2. 区际法律冲突

区际法律冲突是一国内部不同地区的法律制度之间的冲突。形成区际法律冲突的原因是多方面的,较为常见的是在联邦制国家,这些国家内部有多个法域,即不同地区的法律制度存在差异,如美国各州之间在民事法律制度方面有一些差异。当这些不同法域的民事主体进行交往时,就会出现法律抵触的现象,形成了区际法律冲突。

3.时际法律冲突

时际法律冲突就是指在同一个法律体系内,新法与旧法、前法和后法之间的冲突。一般来说,根据"新法优于旧法"和"法不溯及既往"的原则,能够比较妥善地解决时际法律冲突问题。但是当一国法院受理的案件有涉外因素,且该案所涉及的法律问题时间跨度较大,就容易在法律适用问题上形成不同的意见。例如,甲(中国公民)与乙(美国公民)双方于1990年开始以夫妻名义共同生活,没有办理结婚登记,到了2012年,因双方感情破裂,不愿意在一起生活,乙方在中国提起离婚诉讼。法院在处理该案时,就会遇到时际法律冲突问题。一方面,实体法前后不一致,我国在1994年《婚姻登记管理条例》颁布之前,是承认事实婚姻的,之后不再承认事实婚姻,那么,甲乙双方的关系究竟是事实婚姻关系,还是非法同居关系? 另一方面,我国有关涉外结婚的冲突规则也发生了变化,2011年施行的《法律适用法》中关于结婚手续的规定和在此之前《民法通则》关于结婚手续的规定是不一致的,处理本案时,到底该如何适用呢? 如果当事人一方在美国法院提起诉讼,根据美国的冲突规范,确定适用中国法律后,同样需要进一步确定适用什么时候的冲突规则以及具体确定婚姻效力的实体法。

4.人际法律冲突

人际法律冲突是指一国之内适用于不同种族、不同阶级和不同宗教信仰的人的法律之间的冲突。例如,在印度和巴基斯坦等国,在亲属关系和继承关系等方面,信仰印度教的人和信仰伊斯兰教、基督教、锡克教的人所适用的法律是不同的。如果不同宗教信仰的人因继承关系而发生诉讼,印度法院就会根据印度的人际私法来确定所应该适用的法律。实际上,中国也存在人际法律冲突,我国《婚姻法》规定的法定婚龄在新疆、青海、甘肃等少数民族地区有一些变通规定,当少数民族男女和汉族男女结婚时,在法定婚龄上就会有所抵触。当然,如果在这些变通规定中明确指出汉族男女须按照《婚姻法》的规定执行,则人际法律冲突就得到了妥善解决。

二、国际民事法律冲突

(一)国际民事法律冲突的产生原因

国际私法上所讲的法律冲突是指国际民事法律冲突,"国际"意味着法律关系的主体、客体和内容中至少有某一方面和外国有联系,"民事"意味着法律冲突限于私法方面。一般认为,国际民事法律冲突的产生原因有以下四点:①各国民事法律制度互不相同,这是民事法律冲突产生的前提条件。一国的民事法律制度和本国的历史传统和现实国情密切相连,就拿法定婚龄来说,法定婚龄的高低和本国的人口数量及增长状况有关,也受人们生育观念的影响。因此,各国的法定婚龄有所差异,当不同国家的人们缔结婚姻时,就存在究竟按照哪个国家的婚姻法来判定婚姻效力的问题。如果各国在这个问题上的规定是一致的,则不会产生相关的法律冲突。②各国之间存在正常的民事交往,这是民事法律冲突产生的客观基础。法律冲突的解决之所以必要,是因为人们在交往中产生了纠纷,人们没有交往,就不会产生纠纷,也就谈不上法律适用。③各国承认外国人在本国的民事法律地位。一般来说,只有当一国法律赋予外国人法律地位时,外国人才会在本国境内进行正常的民事交往。如果外国人在本国没有资格从事某些民事法律活动,那就不会产生相应的民事法律冲突。④各国在一定条件下承认外国民事法律在本国的域外效力。如果外国人在本国进行民事活动,发生纠纷后,一国法院在处理案件时坚持严格的属地主义,根本不考虑外国法律的规定和效力,那么,也不会有法律冲突,或者说,此时的法律冲突没有解决的必要。但是,国际民事交往活动的实践表明,一国法院有必要考虑外国法律的效力,如果一味地只适用本国法,可能难以保证案件处理的公平公正,进而影响本国人和外国人的正常民事往来,久而久之,会从根本上影响本国的国家发展和人民福祉的提升。因此,有必要在一定条件下承认外国法的域外效力。上述四个原因,缺一不可,相互间有一些内在的关联,共同作用形成了国际民事法律冲突。

(二)国际民事法律冲突的解决办法

国际民事法律冲突的解决办法主要有两种。一是冲突法解决方法。这种方法就是通过制定国内或国际的冲突规范来确定各种不同性质的涉外民事关系应适用何国法律,从而解决民事法律冲突。一般情况下,只要一个国家有正常的涉外民事交往,就会制定自己的冲突法来解决与本国有关的民事法律冲突,如法国、意大利、日本等国均较早制定了以冲突规范为核心的国际私法,我国也制定了以《法律适用法》为核心的系列国际私法规范。关于国际私法的国际统一立法,就是指有关国家通过双边或多边条约的形式制定统一的冲突法来解决国际民事法律冲突。如21世纪以来欧盟制定了《关于合同之债法律适用的条例》(简称《罗马条例Ⅰ》),《关于非合同之债法律适用的条例》(简称《罗马条例Ⅱ》)以及《离婚和司法别居法律适用条例》(简称《罗马条例Ⅲ》)等。由于冲突规范并不明确地直接规定当事人的权利和义务,所以冲突法解决方法也被称为间接调整方法。二是实体法解决方法。这种方法是指有关国家通过双边或多边国际条约的方式,制定统一的实体法,以直接规定涉外民事关系当事人的权利义务关系,从而避免或消除法律冲突。较具代表性的实体性国际公约主要有 1883 年的《保护工业产权巴黎公约》、1886 年的《保护文学艺术作品伯尔尼公约》、1980 年的《联合国国际货物销售合同公约》、1994 年的《商标法条约》、2000 年的《专利法条约》、2012 年的《视听表演北京条约》等等。目前上述两种调整方法各有其优势和不足,在解决国际民事法律冲突中将长期共存,共同发挥作用。

第三节　国际私法的调整对象

一、涉外民事关系的界定

涉外民事关系是指在民事关系的主体、客体和权利义务等方面据以发生的法律事实诸因素中至少有一个外国因素的民事关系。为了在司法实践中更好地判定民事关系中是否有涉外因素,最高人民法院于 2012 年发布了《最高人民法院关于适用〈法律适用法〉若干问题的解释(一)》(以下简称《司法解释(一)》),其第一条对涉外民事关系的认定做了具体列举,指出具有下列情形之一的,人民法院可以认定为涉外民事关系:“(一)当事人一方或双方是外国公民、外国法人或者其他组织、无国籍人;(二)当事人一方或双方的经常居所地在中华人民共和国领域外;(三)标的物在中华人民共和国领域外;(四)产生、变更或者消灭民事关系的法律事实发生在中华人民共和国领域外;(五)可以认定为涉外民事关系的其他情形。”应该说《司法解释(一)》所列举的情形基本上能够涵盖所有涉外案件,比 1988 年最高人民法院《关于贯彻执行〈中华人民共和国民法通则〉若干问题的意见(试行)》第一百七十八条对涉外民事关系的解释要宽泛一些,如此规定既是对我国司法实践经验的总结,也回应了学界对涉外因素认定标准应该宽泛化的主张。

　　根据《司法解释(一)》的规定,只要具备所列举的五种情形中的任何一种,就可以认定为涉外民事关系,实践中,往往一个案件可能同时具备所有情形,也可能只涉及其中的部分情形。例如,一名中国女子和一名韩国男子结婚,共同生活了十多年后,因感情破裂开始分居,中国女子居住在上海,韩国男子居住在首尔,双方在婚姻关系存续期间的共同财产有的在中国境内(房屋一栋、存款若干),有的在韩国境内(房屋两栋、股票及珠宝等若干)。分居两年后,韩国男子意外死亡,该男子的父母和中国女子因为遗产分配发生争议,遂诉至中国法院。中国法院受理此案后,发现当事人中有一方是外国人,当事人一方的经常居所地在我国领域外,所要继承的财产也有一些在我国领域外,而且该男子死亡的法律事实也发生在我国领域外。该案中涉外因素的认定就十分明确,符合《司法解释(一)》规定的所有情形,法院当然要把它作为涉外案件进行处理。

　　涉外民事关系也可以称之为国际民事关系,二者可以相互替换。从单个国家来说,其自身为本国,与之交往形成民事关系的国家为外国,因此,称之为涉外民事关系。从世界范围来说,不同国家之间民事主体的交往跨越国境,形成了国际民事关系。此外,"涉外民事关系"和"涉外民商事关系"也是同一个概念,基于有关民商事关系的理论和实践有民商合一和民商分立的区分,于是就有了这两种不同的表述。从国际私法所调整的社会关系来说,既涵盖了传统的民事主体之间的人身和财产关系,也包括了商事交易关系,加之民商合一在许多国家的立法中有直接体现,如有学者指出我国迄今为止的民事立法,无论是《民法通则》《合同法》,还是《物权法》《侵权责任法》,皆采用民商合一的立法体例。因此,在我国,用涉外民事关系这一表述更为妥当。也正因为如此,我国制定的《法律适用法》之前冠以"民事"二字。

二、涉外民事关系的特点

　　任何事物的特点都是相互比较的结果,需要有参照对象。涉外民事关系的特点分析:一是相对于国内民事关系,二是相对于国际公法关系。相对于国内民事关系,其特点表现为"涉外性"。一方面,涉外民事关系的形成较晚,它是人类社会生产力发展到一定程度才出现的。一般认为,涉外民事关系是在资本主义有了一定的发展后才大规模出现的,而国内民事关系则远早于涉外民事关系,有了人类社会,就形成了各种类型的民事关系。另一方面,涉外民事关系的解决通常比国内民事关系要更为复杂,尤其是通过诉讼途径来解决的时候。最关键的一点就是法律适用问题,国内民事关系只适用本国的实体法和程序法来解决,而涉外民事关系则需要在一定条件下承认外国法的效力,通过一定的规则在本国法和外国法之间进行选择。相对于国际公法关系,其特点表现为"私法性",从主体角度来看,涉外民事关系的主体主要以自然人和法人(组织)为主,尽管国家也有可能作为涉外民事关系的主体,但只是在极少数情形下存在。而国际公法的主体主要是国家和国际组织。从关系的内容来看,国际民事关系主要是人身关系和财产关系,集中在物权、债权、知识产权、婚姻家庭及继承等方面,而国际公法则主要针对的是国家主权、领土、战争和武装冲突等。

第四节 国际私法的规则范围

一、国际私法范围的不同主张

任何部门法都是一系列规则的总和,这些规则既可以是成文规定,也可以是司法判例。国际私法是调整涉外民事关系规则的总和,国际私法究竟包括哪些规则,也就是说,国际私法涵盖的范围究竟有多大,这个问题在学界有较大争议。不同法系、不同国家、不同学者的观点迥异,主要有以下几种观点:

第一种观点主张国际私法的规则就是冲突规范,理由是国际私法的核心任务是解决法律冲突,其关键在于为涉外民事关系确定所适用的法律。德国、日本以及普通法系国家的大部分学者持此种看法。当然,这里的冲突规范不仅仅指的其自身,还包括围绕冲突规范所形成的系列制度,如识别、反致、法律规避、公共秩序保留等内容。也有一些研究者依据解决问题的先后次序,把管辖权的确定和外国法院判决的承认与执行也划入国际私法的范围。

第二种观点主张国际私法应该包括这样几种规范,即国籍法规范、外国人的法律地位规范、法律适用规范以及有关涉外民商事案件的管辖权规范。之所以把国籍法规范和外国人法律地位的规范纳入进来,主要是因为国籍的确定既是判定涉外因素的重要依据,也是冲突规范中的一个重要连结点,外国人法律地位规范则关乎涉外民事关系的形成和涉外纠纷的解决。这种观点在法国、比利时等国影响较大。

第三种观点主张把关于外国人的民事地位规范、冲突规范、国际统一实体规范和国际民事诉讼程序与国际商事仲裁规范都包括在国际私法范围之内。苏联和东欧国家的学者倾向于此种观点,我国法学家韩德培、李双元等也赞同这种看法。从涉外民事纠纷解决的角度看,统一实体规范和国际民事诉讼程序与国际商事仲裁规范都在涉外民事纠纷中不可或缺,但是不是要把所有同解决涉外纠纷相关的规范都纳入国际私法中,则存在一些争议,尤其是对统一实体法规范争议更大。反对者认为,既然有了可供依据的统一实体法,那就意味着消除了法律冲突,进而国际私法也就失去了存在的基础。因此,不该把统一实体法规范纳入国际私法的范围。赞成者认为,统一实体规范在一定程度上能够起到避免和消除民事法律冲突的作用,它和冲突规范并行不悖,共同调整涉外民事关系,不能把它绝对地排除在国际私法范围之外。

上述对国际私法范围的认定对我国影响较大,和上述几种观点相类似,我国的学者也形成了“小、中、大”三种观点。“小国际私法”认为国际私法只应包含涉外民事关系法律适用规范,“中国际私法”认为国际私法除了包括法律适用规范之外,还应包括涉外管辖权、外国判决的承认与执行等国际民事诉讼规范,“大国际私法”则认为国际私法除了包含“中国际私法”的规范之外,还应包括国际统一实体规范和国际商事仲裁规范。① 总体而言,“大国际私法”在我国的影响力较大,但是学习和研究的内容重点围绕“中国际私法”展开,即对一些统一实体法规范关注不多,加之相关统一实体法规范在国际经济法、国际商法等课程中也会涉及,在国际私法中就不专门介绍了。

二、中国国际私法的规则体系

一般来说,国际私法的规则范围和国际私法的立法体例是密切相关的。如果一国主张国际私法的范围很小,仅包括法律适用规范,则很可能采取单行法的立法体例,如日本于 1898 年制定的《日本法例》。如果所主张的国际私法的范围较大,则难以在一部单行法中做出所有规定,就会采取分散式或者专章专篇式立法体例,把冲突规范分散规定在民法典和其他单行法规的有关章节中,如 1804 年的《法国民法典》、1995 年的《越南民法典》。

中国的大部分学者主张“大国际私法”,这对我国立法体例的选择也有直接影响。纵观我国现行的国际私法立法,采取的是较为分散的专章专篇式立法和单行立法相结合的模式,以法律法规制定的时间为序,可以把中国的国际私

---

① 宋晓.改革开放 40 年中国国际私法学之发展[J].法学评论.2018(5):28.

法规则体系总结如下：

（一）关于外国人民事法律地位的规范

1979 年 7 月制定的《中外合资经营企业法》、1982 年 1 月制定的《对外合作开采海洋石油资源条例》、1982 年 8 月制定的《商标法》、1982 年 12 月制定的《宪法》、1984 年 3 月制定的《专利法》以及 1993 年 12 月制定的《公司法》中，基本上都有关于允许外国法人和个人来华投资以及保护在华外国人合法权益的规定。一般来说，在诸多民事领域，均给予外国人以国民待遇，只是在个别领域有一些限制，需要进行特别的许可。

（二）关于冲突规范

1983 年 9 月制定的《中外合资经营企业法实施条例》、1986 年 4 月制定的《民法通则》、1992 年 11 月制定的《海商法》，1995 年 5 月制定的《票据法》、1995 年 10 月制定的《民用航空法》以及 1999 年 3 月制定的《合同法》，均有关于冲突规范的规定。尤其是《民法通则》在其第八章专门制定了"涉外民事关系的法律适用"，共用九个条文分别对民事行为能力、不动产所有权、合同、侵权、结婚、离婚、扶养、遗产的法定继承以及公共秩序保留做出了规定。此外，《海商法》《票据法》以及《民用航空法》也都用专章的形式对这些特殊领域的法律适用进行了规定。值得注意的是，随着我国对外开放的逐步深化，加之受国际私法范围扩大和国际私法法典化的国际潮流的影响，我国于 2010 年制定了《法律适用法》，共八章五十二条，比较全面地对涉外民事关系的法律适用做出了规定，并就识别冲突的解决、反致等问题进行了明确。

（三）关于涉外民事诉讼和商事仲裁的规定

1991 年 4 月制定的《民事诉讼法》，其中第四编专门规定了"涉外民事诉讼程序的特别规定"，分别对管辖、送达、期间、仲裁、司法协助等进行了规定。1994 年 8 月制定的《仲裁法》，其中第七章专门规定了"涉外仲裁的特别规定"，主要就涉外经济贸易、运输和海事中发生的纠纷的仲裁事项进行了规定。1999 年 12 月制定的《海事诉讼特别程序法》也对涉外海事案件的管辖、证据保全等进行了规定。

由此可见，我国国际私法的规则体系比较繁杂，散见于多个法律法规之中，虽然制定了单行的《法律适用法》，但仍然没有解决我国国际私法立法"碎片化"的状态。学界对其自身存在的不足也有较为详尽的探讨，也有学者提出了国际私法法典化的参考方案。可以预见，未来我国国际私法的规则体系将会逐步完善：一方面，可以针对个别领域的法律适用规则进行完善；另一方面，仍需要在国际私法的体系化、法典化方面进行不懈努力。

第五节 国际私法的主要渊源

一般来说,法律渊源包括实质渊源和形式渊源两个方面。从较为宏观的法的整体意义上来说,通常会强调实质渊源,即法不是凭空产生的,而是根植于特定的社会生活。从较为微观的部门法意义上来说,一般指的是形式渊源,即法的表现形式。国际私法的法律渊源就是指国际私法规范的具体形式。纵观世界各国的国际私法渊源,主要有国内立法、司法判例、国际条约、国际惯例以及法理学说等。基于国际私法的双重属性,其渊源也既有国内立法和司法判例等国内法渊源,也有国际条约、国际惯例等国际法渊源。

一、国内立法

国内立法是国际私法的重要渊源之一。在立法内容方面,主要有关于外国人的民事法律地位规范、冲突规范、管辖权规范以及司法协助等规范。在立法体例方面,有的是法典式或者单行性立法,集中把国际私法最核心的规范——冲突规范进行系统编纂,形成国际私法典或者单行的国际私法规范,如1896年颁布的《德国民法施行法》就属于这种模式的代表。据不完全统计,目前约有近五十个国家制定了国际私法典,其中既有属于大陆法系的日本、意大利等国家,也有属于普通法系的英国、澳大利亚等国家。另一种立法体例是分散式立法,就是把国际私法规范分别规定在不同的法典或者单行性立法中,如1756年的《巴伐利亚法典》,1804年的《法国民法典》,1829年的《荷兰民法典》等就是这种立法体例的代表。

20世纪以来,各国的国际私法立法有了一些新的变化,一是国内立法中国际私法规范的内容日渐丰富,适用范围逐步扩大,不再局限于物权、债权、婚姻、继承等领域,而是扩展至知识产权、产品责任、环境污染等领域。很显然,这和工业革命以来的技术进步密切相关,只有技术不断创新和进步,才会有更多的知识产权交易,也才会出现产品责任案件和环境污染事故。二是法典化趋势比较明显,越来越多的国家注重把分散的规定系统化,形成单独的法典或单行性立法。三是国际私法的趋同化趋势比较明显,无论是立法内容,还是立法体例,各国之间处于相互学习、相互融合的趋势。

二、司法判例

司法判例原本是英美法系国家的主要法律渊源,但是在两大法系逐渐融合的背景下,司法判例在大陆法系国家也受到了重视,在涉外案件处理中发挥着越来越重要的作用。

司法判例在英美法系国家,可以直接用来作为案件裁判的依据,有些判例直接确定了一些重要的国际私法制度,如英国法院于1887年做出的特鲁福特案判决就是关于转致的著名案例。也有些判例进一步佐证了一些国际私法制度的合理性,如美国法院于20世纪30年代做出的霍尔泽诉德国帝国铁路局案就是关于公共秩序保留制度的典型案例,审理案件的柯林斯法官对涉外案件处理中公共秩序保留的运用进行了精彩的阐释。基于英美法系国家存在大量判例,在适用方面存在一些困难,为了解决这个问题,一些著名学者或者研究机构就会进行判例的编纂和整理,如英国的国际私法专家戴赛、莫里斯等编写的《冲突法》,美国法学会编纂的《冲突法重述》等是这方面的典型代表。

司法判例在大陆法系国家,虽然一般不直接作为裁判依据,但是司法判例至少通过以下两种途径发挥重要作用:一是在成文法没有具体规定时,可以援用最高法院的判例作为依据;二是以一些判例为基础,制定出相应的成文法规范,如"福尔果案"促使人们对反致制度进行广泛讨论,并最终在立法中予以规定,有学者认为在此案之前的1652年和1663年就有这方面的案例。

我国虽然不属于判例法国家,判例不是法律的正式渊源,但是它对法官的裁判有一定的参考和指导作用。在我国的司法实践中,司法判例主要是最高人民法院通过"解答""批复"等方式对个案进行解释,或者对诸多司法判例进行总结提炼,对案件裁判所形成的意见对下级法院处理同类案件具有指导和参考作用。另外就是最高人民法院不定期发布一些指导性案例来指导下级法院的审判工作,从2011年12月20日发布第一个指导性案例以来,截至2019年2月,最高人民法院共发布了112个指导性案例,其中有部分属于涉外民事案件。

三、国际条约

如前文所述,国际私法的范围除了冲突规范之外,还包括外国人法律地位规范、程序法规范和实体法规范,自 19 世纪以来,国际社会在诸多领域制定了国际公约。从公约适用范围来说,有些是全球性的,如 1980 年《联合国国际货物销售合同公约》;有些是区域性的,如欧共体于 1968 年达成的《关于相互承认公司和法人团体的公约》;从公约的内容来说,有些是实体性公约,如知识产权领域的几大公约,分别是 1883 年的《保护工业产权巴黎公约》、1886 年的《保护文学艺术作品伯尔尼公约》、1891 年的《商标国际注册马德里协定》等;有一些是冲突法公约,如 1985 年的《国际货物买卖合同法律适用公约》、1994 年的《美洲国家间关于国际合同法律适用的公约》、2007 年的《关于非合同之债法律适用条例》、2008 年的《关于合同之债法律适用条例》等;还有一些是程序性公约,如 1958 年的《承认与执行外国仲裁裁决公约》、1965 年的《关于向国外送达民事或商事司法文书和司法外文书公约》等。

上述国际公约的制定主要是基于主权国家之间进行协商谈判,但是一些国际组织也发挥着十分重要的作用。影响较大的国际组织有联合国、海牙国际私法会议、国际统一私法协会、欧洲共同体与欧洲理事会、美洲国家组织、国际商会等。我国自改革开放以来,缔结或加入了多个国际私法公约,涵盖外国人民事法律地位、冲突法、统一实体法以及民事诉讼或者商事仲裁等多个领域,与此同时,也和多个国家缔结了多份司法协助方面的协定,粗略统计约有一百多个。

四、国际惯例

国际惯例是在国际交往中逐渐形成的一种规范,一般需要经过国家认可或者当事人自主选择,才具有约束力。我国对国际惯例持认可的态度,如《民法通则》第一百四十二条第三款规定:"中华人民共和国法律和中华人民共和国缔结或者参加的国际条约没有规定的,可以适用国际惯例。"此外,在《海商法》《民用航空法》《票据法》中也有这一规定。为了进一步明确国际惯例在涉外案件中的适用效力,《司法解释(一)》第五条规定:"涉外民事关系的法律适用涉及适用国际惯例的,人民法院应当根据《中华人民共和国民法通则》第一百四十二条第三款以及《中华人民共和国票据法》第九十五条第二款、《中华人民共和国海商法》第二百六十八条第二款、《中华人民共和国民用航空法》第一百八十四条第二款等法律规定予以适用。"

关于国际惯例的适用,人们在认识上有一定的分歧,有的认为国际惯例仅仅指的是实体法意义上的国际惯例,如《国际贸易术语解释通则》,有的则认为,国际惯例不仅包括实体法意义上的国际惯例,还包括程序法意义上的国际惯例和冲突法意义上的国际惯例,因为各国在程序以及冲突规则方面也形成了一些习惯做法和普遍认可的规则,如程序问题适用法院地法、不动产适用不动产所在地法、合同适用当事人意思自治原则,等等。总之,应该从广义的角度看待国际惯例,因为不论是实体性规范,还是程序性规范或冲突规范,都有可能形成一些习惯性做法,既能在人们心中形成某种确信,也能在实践中被广泛采用,完全符合"惯例"的本质要求。这些均说明其存在和适用具有相当程度的正当性。此外,国际惯例能够在一定程度上弥补国际条约和各国国内立法的遗漏,发挥"拾遗补缺"的作用。

五、法理学说

关于法理学说能否作为法律渊源的问题,在其他部门法中也存在,有两种相对立的观点。一种观点认为法理学说只是学者们的一种看法,不应该作为法律渊源,况且一般来说针对同一问题常常会有几种不同的学说,如果采用了其中的某一种学说,则可能有失偏颇,也难以给人们提供比较稳定的预期。另一种观点认为,法理学说可以作为法律渊源,尤其在国际私法中,自法则区别说开始,一直到18世纪的正式立法,学说法持续了几百年,在当时的涉外交往中,发挥了规范国际民事交往的作用。况且,学者们的学说历来对国际私法的立法和司法实践发挥着重要的借鉴和促进作用。

任何事情都不是绝对的,法理学说能否作为法律渊源的问题不能一概而论。从历史发展的角度看,法理学说在很长一段时期发挥着和制定法、判例法一样的作用,最典型的就是古罗马时期一些著名法学家的学说就被纳入《国法大全》中,被确定为法律。随着法律观念的变化和立法技术的进步,法理学说逐渐地从直接发挥作用转变为间接发挥作用,其法律渊源的地位才逐渐丧失了。从横向比较的角度看,各国的法治发展水平参差不齐,自然会影响该国对法理学说的功能定位,有些法治比较发达的国家,法律体系比较健全,各方面均实现了有法可依,自然不会认可法理学说为正式的法律渊源,而有些国家则法治状况堪忧,法律体系不完善,有些领域缺少正式立法,则可能会运用法理学说来裁判案件,把法理学说视为法律渊源。

在我国,学界普遍认为法理学说不是法律渊源,自然也不能把它作为国际私法的渊源。当然,法理学说对制定法律规则甚至对法官裁判案件会产生一定的影响,这种影响是间接的,和是不是法律渊源没有直接关联。基于我国的国际私法规则体系还处于相对零散的状态,随着涉外民事交往的逐步扩大和深化,涉外审判也遇到各种较为复杂的问题,因此,我们需要不断学习和创新国际私法理论,重视法理学说的指导作用。

第六节　国际私法的基本原则

谈及法律的基本原则,一般是从法律适用的角度来讨论的,此时的法律原则和法律规则相对应,法律原则是抽象的,法律规则是具体的,法律原则拥有"基本规范"的效力,可以弥补法律规则的"缝隙",如民法中的诚实信用原则和公平合理原则,刑法中的罪刑法定原则和罪刑相适应原则等。一般来说,各个部门法都有自己的基本原则。国际私法的基本原则有哪些呢?国内外不同学者的认识不尽统一,但以下几个原则被普遍认可,即尊重主权原则、平等互利原则和保护弱者原则。

一、尊重主权原则

主权原则是各类国际关系须共同遵循的基本原则,常见于国际公法之中,但国际私法也不例外。国际私法调整的是涉外民事关系,但是在事关涉外民事关系处理的各个环节都需要贯彻主权原则。主权原则无外乎独立与平等两个方面。独立意味着各国有权独立自主地发展涉外民事关系,制定各类国际私法规范。譬如外国人民事法律地位问题,一国是否赋予外国人以民事法律地位以及赋予何种民事法律地位,都是各国自主决定的。再如,冲突规范及其适用过程中的各种制度,也都取决于各国的自主选择。此外,对于外国法院判决的承认与执行也都是一国主权范围内的事项,不受任何外来干涉。主权原则还意味着各国有权自主决定加入某个国际私法公约,不论是冲突法公约、程序法公约,还是实体法公约,各国均有自主加入和退出的自由。

二、平等互利原则

平等互利原则是指国家之间不论大小、强弱,在法律地位上一律平等。国际私法中尤其要强调这一点,因为涉外民事关系主要是平等主体之间的财产关系和人身关系,本质上要求交易主体之间的地位平等。在法律调整过程中,也需要贯彻这一原则。首先,在法律地位方面,不论是实体交易能力方面,还是在诉讼权利保障方面,一般都应赋予外国人以国民待遇。其次,在法律适用方面,也要平等地对待外国的法律,不能坚持严格的属地主义,不能不假思索地优先或者只适用本国法来处理涉外纠纷,要合理地制定冲突规则在本国法和外国法之间进行选择。再次,在司法协助方面,也应该互相给予必要的帮助,不论是调查取证,还是文书送达,以及外国法院判决和外国仲裁机构裁决的承认与执行,都要本着互利的原则。只有本着平等互利的原则,才能从根本上促进本国人和外国人之间的民事交往,进而才能增进国民的福祉和国家的实力。

三、保护弱者原则

基于经济实力、交易能力等方面的差异,涉外民事交往的诸多领域,总有一方当事人时常处于弱势地位,如收养关系中的被收养人,监护关系中的被监护人,侵权关系中的受害人,劳动关系中的劳动者等。从法的公平正义的价值实现来看,有必要把保护弱者利益作为国际私法的一项基本原则。法律面前人人平等这一原则,既要注重形式上的平等,更要注重实质上的平等,如果在涉外交往中,不能有效地保护弱者的利益,则有违实质平等的根本宗旨。此外,保护弱者利益也是国家主权原则和平等互利原则的内在要求,如果国家不能充分保障弱者的利益,会影响国家在国民心中的形象,当事人在特定涉外交往中的感受会不自觉地投射到国家之间的实力对比上来,会对国家主权独立和平等产生疑问,进而影响国家之间正常的民事交往。有弱必有强,从强者一方当事人来说,可能在个别交往中获得了额外的利益,使得弱者利益受损,如果长此以往,势必影响弱者一方当事人的交往积极性,也会最终从根本上影响强者的利益。因此,在涉外交往中,各国有必要切实重视对弱者利益的保护,要从保护弱者就是保护我们自己的高度来认识涉外民事交往并完善相关制度。我国的《法律适用法》在父母子女关系、扶养、监护等方面对保护弱者利益进行了明确规定,值得肯定。

第一章
拓展阅读

第一章
案例分析

第二章　国际私法的历史发展

知识脉络图

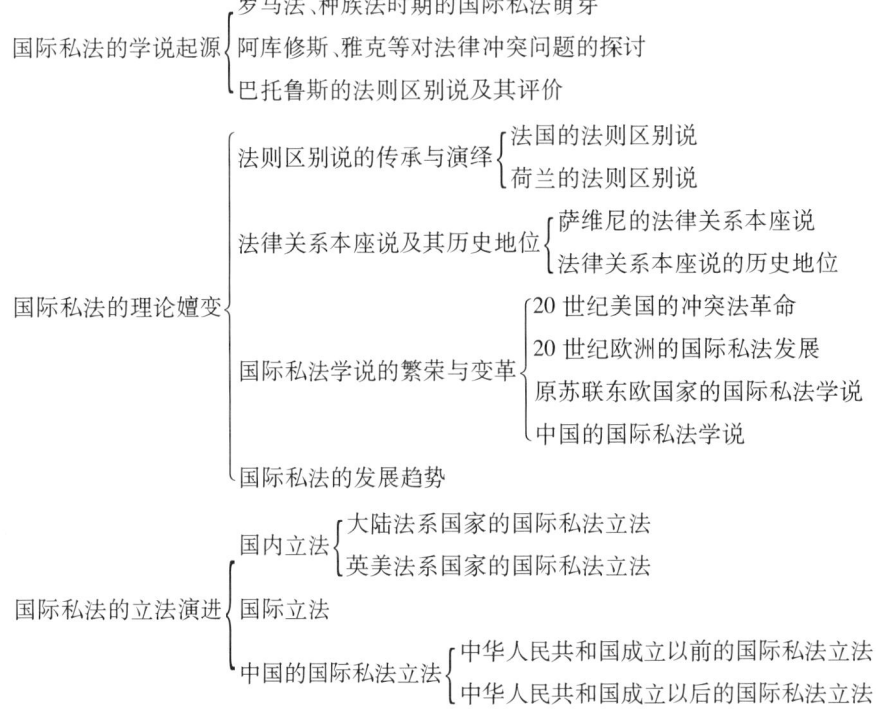

学科的相对独立性在于其特有的概念术语、研究对象、研究方法及理论观点形成了一个逻辑化的知识系统,以冲突规范为核心的国际私法也不例外。一个学科的知识系统是不断完善、更新的,这中间集聚了众多知识生产者的贡献,他们的贡献大小不同,方式各异,但几乎没有人能够掌握全部真理。对此,著名法理学家博登海默以法律为例,有过一个较为客观的评论,他说:"法律是一个带有许多大厅、房间、凹角、拐角的大厦,在同一时间里想用一盏探照灯照亮每

一间房间、凹角和拐角是极为困难的……这些学说最为重要的意义在于它们组成了整个法学大厦的极为珍贵的建筑之石,尽管这些理论中的每一种理论只具有部分和有限的真理。"①国际私法理论的发展已经有近千年的历史,其理论大厦的建造与修葺离不开芸芸众生的生动实践,更离不开少数先哲们的不懈探索。如果我们想继续为国际私法的理论大厦增砖添瓦,有一项工作必不可少,那就是对既有的理论大厦进行详细解构。本章围绕着"为什么及如何适用外国法"这一主题,对国际私法的学说演变和立法发展进行梳理总结。

第一节　国际私法的学说起源

一、罗马法、种族法时期的国际私法萌芽

罗马法中有市民法和万民法的区分,古罗马在扩张过程中,与其他国家的交往大大增加,实践中出现了如何处理罗马市民和外来人口以及与外来人口之间纠纷的问题。解决问题的基本思路是市民法专门用于解决罗马市民之间的纠纷,万民法用于解决涉及一方主体为非罗马市民的纠纷。这种区分已经涉及了针对不同主体的法律选择问题,可以视为国际私法的萌芽。但也有学者认为,不论是市民法,还是万民法,均为罗马国家的法律,并没有涉及不同国家、不同城邦之间的法律选择问题,因此,罗马帝国时代并没有真正意义上的国际私法。

西罗马帝国灭亡之后,欧洲大陆各民族迁徙比较频繁,各民族杂居聚集,但是纠纷解决的法律适用却基本上是各民族严格适用本民族的法律,如日耳曼民族适用日耳曼法,法兰克民族适用法兰克法。进入了所谓的"种族法"时代,这个时代前后持续了几百年,严格的属地主义虽然和国际私法的法律选择有些格格不入,但是种族法中的有些规则和国际私法中的冲突规范相类似,对后世国际私法的发展也有一定影响,为国际私法的孕育提供了较为合适的土壤,将其称为国际私法的萌芽也能说得过去。

---

① 博登海默.法理学:法律哲学与法律方法[M].邓正来,译.北京:中国政法大学出版社,2017:221-222.

二、阿库修斯、雅克等对法律冲突问题的探讨

（一）阿库修斯等人对法律冲突问题的关注

国内学界在讨论国际私法的历史时很少关注注释法学派的贡献。实际上，在 12 世纪晚期，意大利的注释法学派已经遇到了法律冲突问题。意大利得天独厚的地理条件使得资本主义最早在这里萌芽，手工业和商业逐渐繁荣，形成了诸如威尼斯、佛罗伦萨等城市，这些城市逐渐成为较为独立的城邦。当时，各城邦之间的交往既受到罗马法的统一规范，又受制于各城邦自己的"法则"，但是，各城邦自己的法则只适用于本城邦境内。于是，不同城邦之间的纠纷解决就遇到了规则选择的问题。刚开始，人们寄希望通过对罗马法的解释来寻求解决问题的途径。可是罗马法并没有论及冲突法问题。正如马丁·沃尔夫指出的那样，《罗马法大全》关于适用几乎是每个可以想象到的法律问题都给予或者暗示了回答，但是关于适用外国法的问题，却几乎一句话也没有说。① 尽管如此，后期注释法学派的一些学者还是硬生生地把意大利城邦之间的法律冲突问题与《国法大全》联系起来，似乎想借助《国法大全》的权威来寻求解决法律冲突的理论基础。较为典型的如注释法学派晚期集大成者阿库修斯对《查士丁尼法典》首篇进行了注释，将"三位一体大全篇"的"罗马人民共同体"原则注释为："如果一个波洛尼亚市民在摩德纳法院被起诉，法官不应当依据摩德纳的法律来对该波洛尼亚市民做出裁决，因为他不是摩德纳的臣民。"也就是说，法院地法的属地效力只能适用于本城邦的市民，如此解释自然就引出了涉及外邦人的诉讼应适用什么法律的问题。如此解释及其引出的结论表明阿库修斯开始关注法律冲突问题，但是，他并没有提出解决问题的有效办法。另一位注释法学家巴尔杜纳斯则提出了根据法则本身的性质将所有法则区分为程序法则和实体法则，并以此为标准来选择法律的主张，有关程序法则的法律冲突必须适用法院地法，有关实体法则的法律冲突则不能绝对地适用法院地法。巴尔杜纳斯不仅对程序法和实体法的法律选择标准做了区分，更是明确提出实体法则的法律冲突的解决要在法院地法和法院地之外的法律之间进行选择，可以认为，他的主张已经深入到了冲突法最为核心的问题。总而言之，注释法学派对法律冲突问题的关注为后来国际私法学说的发展提供了有益启示。

（二）雅克等人对法律冲突问题的探讨

注释法学派关于法律冲突问题的上述看法尽管受到批判，但很快受到不少

---

① 马丁·沃尔夫.国际私法[M].李浩培、汤宗舜，译.北京：北京大学出版社，2009：21.

学者们的重视。日渐增多的法律冲突实践也促使法学家们更为深入地探讨法律冲突的解决办法。评论法学派的代表人物雅克和其弟子皮埃尔就是其中的杰出代表,他们更为具体地提出了实体法则的法律选择规则。例如,雅克指出应将其区分为侵权、合同和继承来分别考虑它们的法律选择,皮埃尔则提出了将实体法则区分为"人的法则"和"物的法则"的主张,将实体法则的性质作为法律选择的依据。尽管他们对法则本身的分类过于笼统,但是这种法律选择的理论尝试成为后来的法则区别说的直接理论渊源。

三、巴托鲁斯的法则区别说及其评价

在我国,学界对国际私法学说发展脉络的梳理,一般都是以时间为序,对部分代表人物的观点进行评析。在谈及国际私法的学说起源时,首先必提的是巴托鲁斯的"法则区别说",且对此有很高的评价。如肖永平教授认为,巴托鲁斯的法则区别说出现在 13 世纪意大利的北部,它标志着国际私法理论的诞生,也是人类历史上第一次关于适用外国法理由的论述;丁伟教授认为冲突法的创立始于法则区别说,其创立者巴托鲁斯率先提出了法律的域内效力和域外效力问题,这一冲突法研究的中心问题的提出使其赢得了"国际私法鼻祖"的美誉;张春良在《冲突法的历史逻辑》一书中,也认为巴托鲁斯的法则区别说宣告了冲突法的诞生。但是,近年来,也有部分学者对上述看法提出异议,他们认为国际私法并非起源于巴托鲁斯,在巴托鲁斯之前的注释法学派学者已经提出了许多有价值的冲突法思想。如齐湘泉认为,12—14 世纪,意大利曾出现了一个国际私法研究群体,迪努斯等学者对国际私法的研究很有造诣,在不同的领域创制出冲突法规则,这些先驱者的理论是孕育巴托鲁斯冲突法思想的丰富土壤,巴托鲁斯的冲突法理论是在这些学者真知灼见的基础上创建的。李建忠认为,在巴托鲁斯之前,注释法学派对法律冲突问题的关注和评论法学派对法律冲突问题的探讨是巴托鲁斯法则学说的直接渊源,巴托鲁斯并非法则学说的首创者,而是欧洲中世纪冲突法理论的集大成者。也有学者对中国国际私法的起源进行了考证,提出中国国际私法起源于汉代"刘细君和亲案",汉武帝"从其国俗"的诏书是中国国际私法起源的标志。类似地,国外学者在冲突法起源这一问题上也存在不同看法,且争议很大。有的学者认为,冲突法源于巴托鲁斯的法则学说,如戚希尔认为巴托鲁斯是第一个站在原则的角度对冲突法问题进行研究的人,称巴氏为"国际私法之父"是恰当的。也有部分学者对此持有异议,如法国学者亨利·巴蒂福尔认为,法律冲突理论的历史根源是中世纪的意大利学

派,并没有突出巴托鲁斯的历史地位。德国学者马丁·沃尔夫认为第一个提出真正的国际私法问题的人是阿尔德利古,巴托鲁斯在国际私法方面的功绩可能被估计过高了。

上述争论的核心问题可以总结为两个方面:一是如何确定国际私法学说的起源;二是如何评判巴托鲁斯在国际私法学说史上的地位。中外学者在论及上述问题的时候,有些是对问题本身的认识不一,有些则只是措辞上略有不同。因此,要厘清这些问题,不仅要搞清楚国际私法学说的本来面目,而且需要明晰"起源"与"诞生"等术语的确切含义。"起源"一词,是指事物产生的根源,重在强调事物产生的原初状态。"诞生"则意味着一种新事物的出现,呈现的是一种较为完整的状态。如此说来,"起源"似乎比"诞生"更为基础,从时间上来说,前者要早于后者。例如,我们可以说人的生命起源于精卵细胞的结合,分娩以后新生命就诞生了。基于上述分析,我们在探讨国际私法学说起源或者诞生的时候,就可以对一些说法是否贴切进行评判了。从现有的考证资料来看,巴托鲁斯之前,确实有人遇到过我们今天所讲的冲突法问题,也提出了解决法律冲突的办法,如注释法学派和评论法学派的部分学者对法律冲突的解决提出了一些主张,尽管这些主张不太系统,但是注意到了冲突法的核心问题,认为它是国际私法学说的起源也有一定道理,但是还没有到了理论诞生的地步。反观巴托鲁斯针对法律冲突问题的解决而提出的主张,较他之前的学者不仅系统,而且比较全面,巴托鲁斯的冲突法学说涉及契约、侵权、遗嘱、物权、禁止性法则、许可性法则等多个领域,提出了一套较为完整的冲突法规则。基于此,巴托鲁斯在冲突法学说史上的历史地位也就比较容易确定了。无论如何,我们绝对不能否认巴托鲁斯之前学者们的贡献,如果说巴托鲁斯站得更高、看得更远,也是因为他站在了巨人的肩上。这一点,巴托鲁斯自己也有清醒的认识,他在自己著作里公开表示其理论自始至终建立在前人研究的基础之上。因此,关于国际私法学说的起源及巴托鲁斯历史地位的问题,较为准确的说法是:国际私法学说起源于注释法学派和评论法学派部分学者对法律冲突问题的关注和探讨,国际私法学说诞生于巴托鲁斯的法则区别说。我们在讨论国际私法学说起源的时候,在重点介绍巴托鲁斯法则区别说的同时,也应该提及注释法学派和评论法学派其他学者对冲突法问题的关注和探讨。

如上文所述,注释法学派和评论法学派将罗马法的规定和当时的社会现实联系起来,以求解决法律冲突问题,他们的冲突法思想为国际私法学说的最终确立做了很好的理论准备。注释法学派的代表人物巴托鲁斯在吸收前人研究成果的基础上,总结出一套颇具规模的规范的冲突法规则和原则,其中一些规则和原则我们现今仍在适用。巴托鲁斯通过对《查士丁尼法典》的评注以及对其他注释法学派评注的评注,提出了自己的一整套看法。由于巴托鲁斯对解决法律冲突的观点较为系统且不乏创新,因此,我们可以说他是国际私法学说的创立者或者集成者。那么,巴托鲁斯的国际私法学说主要内容有哪些? 何以认为它已经成为一个体系呢?

国内大多数学者把巴托鲁斯的学说概括为"法则区别说",认为他把法则区分为"物的法则""人的法则"和"混合法则"。"物的法则"是属地的,只能适用于制定者领土之内的物;"人的法则"是属人的,适用于制定者管辖范围内的属民,即使属民到了不属于他管辖的领土内时,依然适用;"混合法则"是涉及行为的法则,既涉及人又涉及物。但是,也有部分学者不同意上述看法,如齐湘泉认为巴托鲁斯的冲突法理论并非"法则区别说",是一套较为完整的国际私法规则体系,并非根据法律规则的主题词将法律分为"人法"和"物法"。"人法"具有域外效力,"物法"具有属地效力。巴托鲁斯仅在阐述"许可性法则"时区分了对物法则和对人法则,且仅针对遗嘱法律适用的特定问题,把巴托鲁斯的理论归结为"法则区别说",把巴托鲁斯的法律选择方法归结为"词语结构"选择,实际上是抹杀巴托鲁斯冲突法思想的光辉。齐湘泉为了纠正学界长期以来的认识偏误,还专门翻译了巴托鲁斯的《法律冲突论》,详细介绍了巴托鲁斯对契约、侵权行为、遗嘱、物权、禁止性法则、许可性法则、刑事法则、刑事判决的效力等领域的冲突法思想,以还原巴托鲁斯冲突法思想的本来面目及在此基础上的公允评价。

巴托鲁斯的冲突法理论体系最为闪光的一点是他抓住了整个冲突法理论大厦的根基,即法律的域内效力和域外效力。法律的域内效力是最自然不过的事情,域外效力则意味着各国要在一定范围内承认外国法的效力。如果一国法院在处理涉外案件时,一概不承认外国法的效力,仅依据本国法处理纠纷,就不存在法律冲突了。巴托鲁斯身处的时代,涉外交往越来越发达,相应地,纠纷也就越来越多,严格的属地主义可能产生不公平的处理结果,如果一味坚持严格的属地主义,最终会不利于涉外交往的开展。那个时代的人们大概也已经体会到了经济基础与上层建筑之间的辩证关系,于是设法论证一国法院应该在一定范围内承认外国法的效力。如果承认外国法的效力,必然会遇到本国法和外国法的选择问题。围绕这个问题,他提出了一系列原则和规则。巴托鲁斯在汲取前人冲突法思想的基础上,正视当时的经济社会发展的客观需求,提出一系列解决法律冲突的原则和规则,以及在承认外国法效力情况下的法律选择问题。他所提出的一些原则和规则对后世国际私法学说发展和国际私法立法产生了深远的影响。其中一些规则至今仍在适用,所提出的为什么及如何适用外国法的问题则成为国际私法学说发展历史的一条不变的主线。

第二节　国际私法的理论嬗变

事物是发展变化的,随着客观世界的不断发展,人们的认知也会发生相应的变化,这是所有学科的发展规律。国际私法学说自创立以来,已经有近千年的历史,这期间,无数先哲对此展开探究,形成了丰富多彩的理论学说。回顾国际私法的理论嬗变及其分析基础有益于更进一步发展冲突法理论,以寻求指导解决不断变化的法律冲突之道。巴托鲁斯提出法则区别说之后,法国的杜摩兰、达让特莱,荷兰的胡伯对法则区别说进行了进一步传承和演绎,发展了一些新的法律选择规则,但在方法论和冲突法原则方面没有大的变化。时至 19 世纪,德国的萨维尼提出了具有里程碑意义的"法律关系本座说",他冲破了法则区别说的方法论藩篱,提出了解决法律冲突的新道路。到了 20 世纪,美国的一批现实主义法学家针对传统国际私法机械、僵硬、简单、盲目的缺点对传统冲突法发难,以求变革国际私法,追求更加实用的法律选择,即强调灵活性、追求个案公正和通过适用法院地法保护国家利益,掀起了著名的"冲突法革命"。学界对冲突法学说的发展脉络已经做了很好的梳理,对每一种学说的内容也做了较为全面的介绍。本节在简要介绍学说内容的基础上,重点揭示每一种学说的分析基础,即它们与特定社会发展状况的内在关联。

一、法则区别说的传承与演绎

(一)法国的法则区别说

法国的法则区别说,主要代表人物是杜摩兰和达让特莱。杜摩兰身处法国的南部,16 世纪末法国南部的资本主义开始萌芽,手工业和商业有了一定的发展,客观上要求法律的统一和法律冲突的解决。杜摩兰为了适应早期资产阶级商业来往的需要,在自然法思想的指导下,强调从个人立场出发来寻求解决纠纷和法律冲突的途径。他在其著作《巴黎习惯法评述》中顺应客观形式的需要,主张加强中央王权,实行法律统一,以消除各省之间的法律冲突,并且主张在法律难以统一的情况下,法院在选择法律的时候,应该尊重契约当事人的意愿,也就是"意思自治"原则,这一原则后来被世界各国所普遍接受。杜摩兰也主张把法则区分为"物法"和"人法",无论对于本国人还是外国人,有关物的纠纷应该适用物之所在地法,有关人的纠纷只适用本国的法律。不过,他极力主张扩大"人法"的适用范围而缩小"物法"的适用范围。

与杜摩兰几乎同时代的达让特莱身处法国的北部地区,此时的法国北部封建势力仍然比较强大,实行闭关自守的政策。他站在杜摩兰的对立面,反对合同当事人意思自治,极力鼓吹属地主义原则,推崇一种具有封建割据性的地方自治,主张一切领域内的一切人、物、行为都置于当地习惯控制之下。达让特莱不仅认可"物法"和"人法"的区分,而且还发展了"混合法"这个概念。与杜摩兰不同,他极力主张扩大"物法"的适用范围,认为只要有可能,法则就应该认定为"物"的,只有在极少数情况下,才把法则认定为"人"的。

比较杜摩兰和达让特莱的法则区别说可以发现差异很大。如果要探究这种差异产生的原因,可以从主客观两个方面来分析。从客观方面来看,两人所处的地域及其经济社会发展状况不同,进而导致不同地域的理论需求有别。这些客观因素对人的思想认识会产生直接影响,即我们所说的物质决定意识。从主观方面来讲,学者们在研究问题的时候,难以避免地要考虑自身的利益,他们会设法让自己的理论学说能够受到当时社会尤其是统治者的重视。

(二)荷兰的法则区别说

荷兰的法则区别说的代表人物是胡伯,他创立了国际礼让说,提出了著名的三原则:一是任何主权者的法律必须在其境内施行,并且拘束其臣民,而在境外则无效;二是凡居住在其境内的,包括常驻的与临时居住的人,都可认为是主权者的臣民;三是如果每一国家的法律已在其本国的领域内实施,根据礼让,行使主权权力者也应让他们在内国境内保持其效力,只要这样做不致损害内国及其臣民的权利或利益。[①] 胡伯所提的前两项原则实际上是国际公法原则,胡伯认为承认不承认外国法的域外效力,适用不适用外国法,完全取决于各国的主权考虑。看似胡伯坚决否认外国法的效力,坚持严格的国家主义,但是他紧接着提出第三项原则来解决法律冲突,即各国应该在一定条件下承认外国法的效

---

① 李双元.国际私法[M].北京:北京大学出版社,2011:44.

力,只不过为这种承认找了一个全新的理由——国际礼让。从中可以看出,胡伯从维护国家利益,促进国际交往的角度来思考法律冲突问题,理性而科学地回答了为什么要适用外国法,这是胡伯对冲突法学说发展的一大贡献。

需要指出的是我国绝大多数学者把胡伯视为荷兰法则区别说的代表人物,把他的国际礼让说从属于法则区别说。但也有研究者认为把胡伯的国际礼让说归入法则区别说,其合理性有待商榷。理由是胡伯的国际礼让说与以往的法则区别说在立论基础上存在重大区别,与法则区别说所谓外国法的适用基于法律属性的立论对比,国际礼让说的核心观点是外国法的适用并非基于法律的自然属性而是根据礼让。因此,不宜将胡伯的理论归为法则区别说。

二、法律关系本座说及其历史地位

(一)萨维尼的法律关系本座说

国际私法学说始终围绕着两个核心问题展开,即为什么适用外国法和如何适用外国法。如果能够较为合理地回答这两个问题且能有所创新的话,这样的学说一定是具有划时代意义的。萨维尼的“法律关系本座说”就是典范。萨维尼是19世纪德国著名的法学家,也是德国历史法学派的代表人物。普遍认为,萨维尼把国际私法研究推向了一个新的阶段,因此,人们把他尊崇为“近代国际私法之父”。萨维尼在批判既往国际私法学说的基础上,撰写了《法律冲突与法律规则的地域和时间范围》一书,书中对一国法院为什么要适用外国法提出了自己的看法。在萨维尼看来,国家之间相互适用法律是“国际关系的发展”及“世界各国和整个人类的共同利益”的要求,各国在处理案件时最好采取互惠原则,各国相互适用法律其实是立法者基于本国利益或者基于维护稳定的跨国交往的法律秩序的考虑而采取的实用主义态度的体现。或许萨维尼受到了同时代的经济学大师大卫·李嘉图比较优势理论的影响,他清醒地看到了各国之间相互往来的根本原因是互惠互利,在利益的驱使下,不同国家的人们相互往来是件双赢的事情,但是这种互利必须在公平的规则下进行,否则,互利交往难以持续。公平的规则自然就包括交往双方的纠纷解决规则。在各国法律制度存在差异的情况下,如果一国法院只是依据本国法来处理涉外纠纷,而一概不考虑外国法的话,就有可能导致不公平的结果,进而从根本上影响互利交往的进行。因此,一国法院有必要公平对待内外国法,国家之间相互适用对方的法律。由此可见,萨维尼对为什么适用外国法做了清晰而务实的回答。对于第二个问题,即一国法院在平等对待内外国法的情况下,面临着如何在内外国法之间进行选择的问题,如何选择呢? 萨维尼认为解决独立国家之间属地法律冲突与解决一国内部特别法之间的冲突都适用以下原则:"对于任何法律关系,应当探求根据其本身的性质该法律关系所归属或服从的那一法律区域",这一"法律区域"就是该法律关系的"本座"。他进一步指出,所谓"本座"就是指"任何一种法律关系,都和一个特定的地域、场所、空间或时间有不可分割的密切联系,并且不同性质的法律关系其本座也是不同的。法官的首要任务就是为每一种法律关系找到其在本质上所属的地域"。那么,如何来确定"本座"呢? 由法官自主来确定可以吗? 有些法律关系的"本座"难以确定,很可能不止一个,不同的法官对同一法律关系的"本座"认定不同怎么办? 如果任由法官自主决断,会不会出现挑选"本座"而出现司法不公的现象呢? 有些学者以可能出现上述问题来批判萨维尼的"法律关系本座说"。他们认为萨维尼假定在所有的法律制度中,法律关系都是一致的,但是情况并非如此,对于一些双务合同而言,不是缺乏"本座",而是具有两个"本座"。另外,还有人认为通过逻辑分析来寻找法律关系的本座是十分荒谬的,因为法律关系的中心所在是人的主观选择问题而绝非逻辑推理问题。实际上萨维尼认识到了这些问题,而且提出了解决问题的办法,这个办法就是强调要根据确定的冲突规则来适用法律(包括外国法),即要制定确定的规则来指引法官确定某种法律关系的"本座"。他认为,"不应把这种容许看作是大度和任意的结果,如这样,就会意味着不确定性和临时性。相反,我们应该承认,随着对同一国家内存在特别法冲突的案件的处理,这种法律逐渐发展并完善起来。"这里的"法律"应该就是冲突规则,通过确定的冲突规则来选择准据法,能够实现法律的稳定性和预期性。为此,萨维尼把法律关系分为人、物、债、继承、家庭、行为、诉讼关系等几大类,提出了一系列的准据法公式,如人的身份关系的本座为住所,则有关人的权利能力和行为能力应适用当事人的住所地法,物权(包括动产和不动产)应适用物之所在地法,合同之债适用合同履行地法,程序问题适用法院地法等。

(二)法律关系本座说的历史地位

萨维尼的理论摒弃了自16世纪以来法国学者所坚持的属地主义观点,从普遍主义—国际主义的立场发,认为应适用的法律,只应是各该涉外民事关系依其本身性质所固有的"本座"所在地方的法律。创造性地提出了解决法律选择问题的标准或称连结因素,为国际私法更加规范化和更具操作性起到至关重要的作用。萨维尼的理论对许多国家的国际私法立法影响很大。根据萨维尼的法律关系本座说,人们只要通过对各种法律关系性质的分析,就可以制定出各种双边冲突规范去指导法律的选择,因而他的学说对各国国际和国内立法乃至制定冲突法典都起到了相当大的推动作用。基于此,我们可以说,萨维尼的法律关系本座学说既有重大的理论意义,又有重大的实践价值。理论意义在于他革新了国际私法理论,较为清晰而理性地回答了"为什么适用外国法"和"如何适用外国法"这两个国际私法最为核心的问题;实践价值在于在法律关系本座说的影响下,国际私法的成文立法工作在世界范围内逐步展开,且取得了重大进步。

三、国际私法学说的繁荣与变革

从国际私法学说的诞生及此后几个世纪的发展脉络来看,我们清楚地认识到国际私法学说总是随着国际交往实践的不断发展而发生变化。进入 20 世纪以来,特别是第二次世界大战结束以后,国际经济交往范围不断扩大,彼此间的合作日渐深化。与此相适应,国际私法学说也呈现出百家争鸣的繁荣景象,其中最耀眼的当数美国冲突法的变革,欧洲冲突法也扮演了重要的角色,它与美国冲突法一起成为 20 世纪冲突法发展的两大中心。

(一)20 世纪美国的冲突法革命

美国"冲突法革命"始于 20 世纪 30 年代,以 1963 年纽约州上诉法院成功审理"贝科克诉杰克逊案"和 1971 年《第二次冲突法重述》出台为标志结束。美国的一批现实主义法学家针对传统国际私法机械、僵硬、简单、盲目的缺点对传统冲突法发难,以求变革国际私法,追求更加实用的法律选择,即强调灵活性、追求个案公正和通过适用法院地法保护国家利益。这场革命的最大成果便是确立了"最密切联系原则"和"当事人意思自治原则",这两项灵活的、开放的、富有弹性的法律选择方法,成功实现了对传统的呆板、僵硬、机械的冲突规范的批判和修正。在美国的"冲突法革命"中,引人注目的理论有库克的"本地法说"、卡弗斯的"优先选择原则说"、柯里的"政府利益分析说"、利弗拉尔的"法律选择五点考虑"以及里斯在《第二次冲突法重述》中提出的"最密切联系原则"。

20 世纪中期,美国经济社会迅速发展,不仅美国与其他国家之间的涉外民商事交往迅速扩大,而且,美国幅员辽阔,各州之间的贸易往来也日渐繁杂。在此基础上,为了解决大量纷繁复杂的国际和区际民商事法律冲突,出现了许多新的法律选择学说,库克提出的"本地法说"就是其中之一。库克认为法院只适用本地法即法院地法,不适用外国法。如果法院考虑适用外国法,他应该将外国法纳入本国法律体系内,作为本国的法律规范予以适用。本国法院适用或承认与执行的,不但不是外国的法律,而且也不是外国法创设的权利,而只是一个由它自己的法律所创设的权利,即一个内国的权利,一个本地区的权利。由此可见,库克过分强调法院地法的优先适用,即使适用外国法,也需要把外国法"并入"到本国法中,且考虑是否适用外国法完全属于法官自由选择的事情。

20世纪30年代,卡弗斯指责传统的冲突规范只做"法域选择",即"立法管辖权选择",而不管所选法律的具体内容是否符合案件的实际情况,是否能公正合理地解决。这样的话,难以实现公正处理案件的目的。因此,为了实现公正的结果,应该就相关的实体法直接进行比较和选择,选择的标准主要有两个:一是看能否公正地处理案件;二是看能否实现一定的社会目的。选择的方法是:首先,对案件事实及当事人之间的关系进行审查。其次,对适用不同法律所导致的结果进行分析比较。再次,依据上述选择标准对法律适用做出最终决定。这种选择方法也称之为"结果选择"方法。这种方法的确能够避免"瞎子摸象"式选择方法的弊端,但是,最大的问题在于赋予了法官很大的自由裁量权,而且缺乏效率。

20世纪60年代初,柯里在其《冲突法论文集》中提出了"政府利益分析说"。柯里企图彻底摆脱传统国际私法方法的束缚,不厌其烦地指责传统国际私法理论是"概念式的""毫无头脑的""冷酷无情的""令人讨厌的""毫无用处的""独断专横的",它是"一件器械""一架机器","是一个诡辩的神秘的和失败的领域"。因此,柯里极力反对通过冲突规范来选择法律,认为对"政府利益"进行分析是解决法律冲突的最好办法。他把不同国家的法律冲突看作是不同国家利益的冲突,在解决法律冲突时,法院首先要查明哪个国家对此案件有利益,然后就适用对此享有利益的国家的法律。政府利益说的可取之处在于它认为法律冲突的实质是各国之间利益的冲突。但是最大的问题是在判别一个国家对案件是否有利益及利益大小时,缺乏明确的标准,以至于法官拥有极大的自由裁量权,直接后果是扩大了法院地法的适用。应该说,柯里的政府利益分析说有意抛弃传统的法律选择方法,按照他的学说,冲突法似乎没有存在的价值。

20世纪60年代,在美国冲突法理论与实务陷于僵化——缺乏可预见性的两难困境之时,利弗拉尔提出了他的法律选择理论——"影响法律选择五点考虑"。利弗拉尔经研究后发现,此种法律选择决定的做出,一般要受五点考虑的影响,并且在解决各类法律冲突、法律选择问题时都离不开这些考虑。它们是:①判决结果的可预见性;②维护州际秩序和国际秩序;③司法任务简单化;④法院地政府利益优先;⑤适用较好的法律规范。利弗拉尔指出,这些考虑的排列顺序不分先后,每一个考虑的相对重要性取决于法律所涉及的领域,但不论是什么领域,对这五点考虑均应予以关注。① 利弗拉尔提出"法律选择五点考虑"可以使得法律选择决策过程公开化、透明化,并因此具有可预见性,而且还可以避免法律适用上的僵化与不合理。但是利弗拉尔自己也承认,这种选择方法可能会给法官的自由裁量权太大。透过美国近几十年的司法实践来看,利弗拉尔的"法律选择五点考虑"成功地被不少州用来指导司法实践,对美国的冲突法发展具有重要而持久的影响。

　　1971 年,里斯在美国《第二次冲突法重述》对最密切联系原则做了比较完整的表述。里斯主张,在解决法律冲突时应该将法律选择与结果选择有机结合,在对多种主客观因素进行考察和权衡的基础上,来判定涉外民事关系与哪个地方有最密切的联系,进而以最密切联系法作为准据法。与利弗拉尔相类似,他提出了与案件有联系的众多因素中确定有最密切联系的因素的七项参考原则,分别是:①州际和国际利益的需要;②法院地的有关政策;③在决定具体问题时,其他有利益州的有关政策和这些州的相应利益;④公众期望的保护;⑤特别法律中所体现的政策;⑥结果的确定性、可预见性和统一性;⑦法律易于认定和适用。里斯的这一主张使得法律选择更具有灵活性,在侵权、合同等诸多领域得到了广泛的适用。存在的问题就是在案件与特定国家有无联系及联系是否密切上赋予了法官较大的自由裁量权。

　　综上所述,如果按照美国"冲突法革命"学说的冲突法原则来指导法律选择的话,法官们在这种极其笼统的规范指导下,享有了较大的自由裁量权,这相对于从前僵硬的、毫无生气的法律选择过程来说无疑是一个进步,但同时也存在着难以克服的缺陷。当"革命"的理论难以解决实践中的问题时,其地位和影响势必削弱直至消失,自然就会被新的理论所替代。正如有学者指出,总体来看,"革命"后的五十年里,曾经闪耀美国学界的思潮逐渐衰落了。制度往往在试错过程中不断得以完善,理论只有在不断扬弃中才可能正确地指导实践。20 世纪的美国,先后组织编纂了两次《冲突法重述》,经过学术界的长时间争鸣和多年的司法实践证明,《第一次冲突法重述》和《第二次冲突法重述》要么过于僵硬,要么过于灵活,均难以圆满地解决法律冲突的问题。在 20 世纪末,美国冲突法理论及实务界展开了一场关于第三次冲突法重述的大讨论,它似乎预示着一场新的冲突法革命的开始。第三次重述的成功与否,关键在于能否在冲

---

① 张潇剑.利弗拉尔的"影响法律选择五点考虑"论纲[J].法学家,2004(2):154.

突法的灵活性和稳定性之间实现平衡。

(二)20 世纪欧洲的国际私法发展

发端于欧洲大陆的国际私法在唯理主义思想的支配下,一直强调法律选择的确定性、可预测性、一致性。20 世纪以后,欧洲的国际私法在比较与借鉴中逐步完善,学者们的学说也没有像美国的国际私法学者那样激进,他们中大多数是改良主义者,主张对传统的冲突规范进行改良,反对彻底抛弃冲突规范及其传统理论。改良的趋向有三个:第一个趋向是通过对各国的冲突规范进行比较,求同存异,进而达到统一各国冲突规范的目的。众所周知,冲突法为的是解决国际民商事法律冲突,而国际民商事法律冲突的根源在于各国的法律制度的差异,这种差异不仅体现在实体法和程序法方面,而且体现在冲突规范方面。各国为了解决法律冲突,构造了通过冲突规范解决法律冲突的间接调整方法。但是各国的冲突规范也同样存在差异,如果将各国的冲突规范统一起来,将会给法律冲突的解决创造更为便利的条件。欧洲大陆的学者看到了统一冲突规范的重要价值,加之欧洲大陆国家之间的密切交往客观上需要传统规范的统一,为了达到这一目的,巴迪福、克格尔等人分别提出了颇有影响的理论。例如巴迪福提出了"协调论",其在 1956 年出版的《国际私法之哲学》一书中提出,国际私法的使命在于协调各国的法律制度。克格尔在比较两大法系国家法律异同的基础上,提出了"利益论"。他指出国际法律冲突的解决,不仅要考虑各国的利益,还要考虑国际利益,实际上深刻地回答了为什么要适用外国法的问题。在立法方面,随着欧洲政治、经济一体化的不断加深,欧盟于 1997 年签署了《阿姆斯特丹条约》,将欧洲统一国际私法的运动推到了最后一步,并最终实现了国际私法的"共同化",欧盟统一国际私法也成为真正意义上的"欧盟法"。欧洲国际私法改良的第二个趋向是统一实体法的发展。法律冲突源于法律制度的差异,这种差异所带来的法律选择总是难以在实质正义和形式正义、公正与效率等价值目标之间取得平衡。人们自然就想到了釜底抽薪的办法——统一实体法,实现彻底消除法律冲突的目标。尽管统一实体法难度很大,但是在欧盟范围内取得了可喜的进展。近年来,欧洲统一大市场对成员国民法发展的影响日益强劲,欧盟的许多指令迫使各成员国协调其国内的合同法和侵权法。欧洲合同法委员会在 1996 年通过了《欧洲合同法原则》,后于 1998 年进行了全面的修订。欧洲冲突法改良的第三个趋向是在统一冲突规范和统一实体法规范之外,寻求新的法律选择的方法,使得法律选择的方法呈现多元化趋势。例如,希腊国际私法学家弗朗西斯卡基斯提出了著名的"直接适用的法",核心思想是在国家干预主义日渐增强的情况下,为了更好地维护国家利益和社会公共利益,需要制定一些具有强制力的规范,直接适用于涉外民商事关系,不再通过冲突规范的指引来选择法律。这一较为新颖的提法引起了许多冲突法学者的关注并且对有关国家的立法产生直接影响。"直接适用的法"的理论前提是,在每一法律体系中都存在着一些实体规范,由于其特殊性质、目标或政策,可以不考虑正常的冲突规范的要求而予以直接适用。

　　欧洲国际私法的发展并没有像美国那样激进,既保持了一定的稳定性,又根据经济社会发展变化的实践进行调整,体现了法律稳定性和灵活性的合理平衡。或许正因为如此,欧洲的国际私法制度显示了顽强的生命力和深远的影响力。实际上,这也是任何法律制度发展变化的规律。正如法理学家博登海默所言,"只有那些以某种具体的和妥协的方式将刚性与灵活性完美结合在一起的法律制度,才是真正伟大的法律制度。在这些法律制度的原则、具体制度和技术中,它们把稳定连续性的优长同发展变化的利益联系起来,从而获得了一种在不利的情形下也可以长期存在和避免灾难的能力。"①

　　(三)原苏联东欧国家的国际私法学说

　　一国的法律制度与其历史文化传统、意识形态及其实行的基本政治、经济制度是密切关联的,国际私法也不例外。相应地,国际私法学说也会在基础理论、基本原则及具体制度方面存在差异。20世纪后,在基本的社会制度方面发生了深刻变化,苏联在十月革命之后确立了一种崭新的社会制度——社会主义制度,之后,东欧部分国家相继效仿建立了社会主义制度。原苏联东欧国家建立了以马列主义理论为指导的国际私法理论,提出了一些不同于西方国家的国际私法原理,如他们认为国际私法的基本原则应该以和平共处和国际合作为基础。原苏联东欧国家的国际私法学者对国际私法的范围的界定也提出了不同以往的看法。他们大都主张国际私法包括外国人的民事法律地位规范、冲突规范、国际统一实体法规范;国际民事诉讼程序与国际商事仲裁规范。原苏联东欧国家的国际私法学者中较有代表性的人物是苏联的隆茨和捷克斯洛伐克的卡兰斯基。隆茨于1949年编写了《国际私法》教科书,还与他人合著了《国际私法教程》,这两部著作对原苏联东欧国家有广泛的影响。卡兰斯基提出了国际私法统一化思想,他反复强调在生产与交换更为国际化的时代,不应仅仅从自己的利益出发来解决国际私法中的法律冲突问题。为了减少国际民事关系

---

　　① 博登海默.法理学:法哲学与法律方法[M].邓正来,译.北京:中国政法大学出版社,2017:424.

发展的障碍,通过国际努力,尽可能求得法律适用甚至实体私法的统一。他认为调整非主权者之间的民事关系,不能只依靠个别国家的法律制度,而应该尽可能寻求制定统一冲突规范和统一实体规范。在苏联解体和东欧剧变发生后,原苏联东欧国家的国际私法学说少了政治制度的羁绊和意识形态的束缚,采取开放包容的态度吸收借鉴世界各国的国际私法理论成果,在立法方面也有了新的变化。

(四)中国的国际私法学说

中国在国际法立法和学说方面均落后于西方国家。尽管早在唐代的《永徽律》中就有了世界上最早的冲突规范,即所谓的"化外人相犯"条款——"诸化外人,同类自相犯者,各依本俗法,异类相犯者,以法律论"。虽然在《唐律疏议》中对此做了解释,但还谈不上是理论学说。唐朝以后的封建统治者奉行闭关自守的政策,在自给自足的自然经济条件下,涉外民商事交往几乎中断,与自然经济和闭关自守政策相适应的绝对属地主义法律观念根深蒂固,国际私法失去了存在的客观基础。20世纪初,我国才出现国际私法书籍,均为对西方学者国际私法学说的介绍,没有形成自己的见解和理论体系。1918年颁布了《法律适用条例》,推动了我国国际私法的理论研究工作,产生了多部国际私法学著作。中华人民共和国成立以后,国际私法研究工作没有大的进展,反倒在极"左"路线和法律虚无主义的冲击下,国际私法的研究工作几乎中断。改革开放以后,我国的国际私法学说无论是在理论研究,还是在立法方面,都获得了新的发展契机,取得了可喜的成就。单就理论研究来说,在专著、教材编写、论文发表、会议交流等方面每年都有新的进展。进入21世纪以来,随着我国加入世界贸易组织,涉外民商事交往愈加频繁,随之而来的涉外民商事纠纷也与日俱增。我国的国际私法理论研究也更加活跃。在《法律适用法》颁布实施前后,国际私法的理论研究更为深入。

四、国际私法的发展趋势

国际法律冲突的解决有两个基本方法,即通过冲突规范进行法律选择的间接调整方法和通过统一实体法解决的直接调整方法。不同时期、不同国家的理论学说和法律实践也会对这两种调整方法在解决国际法律冲突中地位的认识发生变化。由于通过冲突规范进行法律选择始终存在着稳定性与公正性的对抗,也就是说,通过传统的规范进行法律选择,往往导致对案件处理缺乏公正性,于是人们提出了改造冲突规范,创设新的法律选择方法,如通过"软化"连结点的做法给法官提供法律选择的自由空间,从而实现实质正义。但是,如果赋予法官较大的自由裁量权,则可能会出现法官为了自身适用法律的方便和维护本国当事人利益而大量适用法院地法的情况,甚至可能出现名义上有法律选择的过程,但实际上产生了和坚持属地主义差不多的结果。基于间接调整方法存在的局限,不少学者纷纷提出制定统一实体法的建议。特别是在二战以后,国际民商事交往日渐密切,统一实体法受到了青睐。最根本原因在于统一实体法能够弥补间接调整方法的上述局限,大大提高了案件审理的公平性。同时,一部统一实体法具有无可比拟的确定性,使人们之间的交往减少了风险。因此,对于因自身缺陷而导致公平性与安全性很难平衡的间接调整方法而言,统一实体法更能受到人们的普遍接受。但是,通过统一实体法解决纠纷也有其自身的局限,那就是统一实体法的制定难度很大,影响范围有限。由此可见,一方面,由于间接调整方法不直接规定涉外民商事关系当事人的权利与义务,同实体规范比较起来缺乏法律应有的明确性和预见性,因而仅靠冲突法调整涉外民商事关系难以满足实际的需要;另一方面,由于涉外民商事关系含有涉外因素,同两个或更多的国家有联系,而各国法律制度千差万别,实难统一,不可能对一切社会关系都用实体法直接加以调整,而需间接调整方法来缓和矛盾,调和冲突。基于此,世界范围内国际私法的立法和司法实践出现的一个重要趋势是冲突法间接调整和统一实体法直接调整协同发挥作用,即一方面对冲突规范加以改造,予以适用。这一点在大陆法系国家较为明显,最明显的例子是"特征履行方法",它以"最密切联系原则"为基础,在此之上规定了比较明确的限制,而且指出该方法仅在合同领域内适用,这样就确保了法律的安全性得以较好地实现。例如,《瑞士联邦国际私法》第一百二十二条规定:"有关知识产权的合同,适用知识产权转让人或特许人惯常居所地国家的法律。"对传统的冲突规范加以改造不仅体现在各国的立法实践中,欧盟等区域性组织为了应对多样化的法律冲突,在改造冲突规范方面也进行了卓有成效的探索。如有学者指出,"欧洲的发展(包括立法和法院判例)都不再是传统的冲突法范式,而代之以一种新的建立在国际私法的联邦化和宪法化基础上的路径,实现了方法的多元化;对于成员国之间的法律冲突和国际法律冲突分别采取不同的方法;传统的冲突法方法和规制性的冲突法方法结合起来应对多样化的法律冲突。"①另一方面,在经济全球化发展的大背景下,世界各国努力在涉外民事领域达成更多、影响

---

① 拉夫·迈克尔.美国冲突法革命的衰落与回归[J].袁发强,译.华东政法大学学报,2011(6):135.

更大的国际条约,《WTO 协定》就是最为成功的例证。国际统一实体私法的出现是国际私法追随不断变化和发展的社会生活的反映,是国际私法发展的自然进程,是国际私法发展日趋完善的一个合乎逻辑的阶段。

第三节　国际私法的立法演进

一、国内立法

(一)大陆法系国家的国际私法立法

从"法则区别说"至 19 世纪初,国际法律冲突一直由冲突法学说来指导解决。随着主要资本主义国家于 18 世纪中期至 19 世纪初期完成了第一次工业革命,跨国民商事交往日益频繁,国际法律冲突愈加激烈,单靠一些理论学说已经难以胜任解决法律冲突的重任,于是开始制定成文法。这一时期影响较大的有 1804 年的《法国民法典》、1811 年的《奥地利民法典》、1829 年的《荷兰法例》、1865 年的《意大利民法典》、1868 年的《葡萄牙民法典》、1889 年的《西班牙民法》、1896 年的《德国民法施行法》及 1898 年的《日本法例》等。其中,影响最大的当数《法国民法典》,该法典采用分散式立法方式在部分编、章中规定了多条冲突规范,对欧洲大陆的其他国家具有指导作用。

到了 20 世纪,尤其是二战以后,随着国际经济交往进一步扩大,部分大陆法系国家开始制定了单行的国际私法法规或者国际私法典,如奥地利于 1978 年通过了《奥地利联邦国际私法法规》,1988 年瑞士制定了《瑞士联邦国际私法法规》。

(二)英美法系国家的国际私法立法

众所周知,英美法系国家素来坚持判例法传统,较少制定成文法。如同在其他任何法律领域一样,国际私法也主要是法院或法官造法的普通法领域。但是,近几十年来,这种状况大为改观。以英国为例,愈来愈多的制定法正在侵入英国国际私法领域,出现了"制定法替代普通法的日益增长的趋势"。一本接一本出版的英国冲突法教科书清楚地展现了这种变化。在戚希尔 1935 年版的《国际私法》中,法规目录只有三页,而到 1999 年,戚希尔与诺思版合编的《国际私法》中,法规目录已长达十六页。英国国际私法的成文化、法典化主要是通过以下两种方式实现的:第一种方式是通过国内立法实施有关国际私法公约,如为了实施欧洲共同体 1968 年《关于民商事件管辖权与判决执行的布鲁塞尔公约》,英国于 1982 年颁布了《民事管辖权与判决法案》;为了实施 1980 年《关于合同义务法律适用的罗马公约》,英国于 1990 年制定《合同法律适用法案》。第二种方式是欧盟统一国际私法对成员国具有直接效力。如欧盟理事会《关于民商事件域外送达的规则》《关于民商事件管辖权与判决承认及执行的规则》《关于民商事件域外取证的规则》等,因其对成员国具有的直接效力而成为英国国际私法体系的一部分。此外,英国于 1995 年出台了《英国国际私法(杂项规定)》,就判决之债和仲裁裁决之利息、依据准许一夫多妻的法律所缔结的婚姻的效力、侵权和不法行为以及相关事项的法律选择做了规定。

美国的国际私法立法不同于欧洲大陆法系国家,也有别于英国。美国国际私法较少制定成文立法,尤其是在"冲突法革命"的直接影响下,美国对僵硬的冲突规则毫无好感,法官主要依据大量的判例来进行法律选择。在实用主义法哲学思潮的影响下,美国的国际私法立法很难接受制定成文法的做法。但是,大量庞杂的判决也给法律选择带来了不便,况且,"法官造法"的判例法赋予了法官较大的自由裁量权,这与传统国际私法所追求的稳定性偏离较大。在稳定性和灵活性纠结之际,美国法学会先后制定了《第一次冲突法重述》和《第二次冲突法重述》。《冲突法重述》本身没有像制定法那样的强制力,但是对法官处理涉外案件有指导作用,实践表明,美国很多州的法院在实践中援引《冲突法重述》的规定。基于《第一次冲突法重述》和《第二次冲突法重述》存在很多问题,美国法学会开始着手准备制订《第三次冲突法重述》。

二、国际立法

由于各国的法律制度存在差异,才导致了国际法律冲突。为了解决法律冲突,各国制定了自己的国际私法。和实体法与程序法一样,各国的国际私法也各不相同。为了尽量地寻求涉外纠纷判决的一致性,提高解决纠纷的效率,一些国际组织除了寻求制定一些实体性国际条约外,还致力于制定冲突法条约。影响较大的国际性组织有海牙国际私法会议和联合国,地区性国际组织有欧盟、泛美会议、美洲国家组织国际私法会议等。

海牙国际私法会议是以统一各国国际私法为主要宗旨的政府间组织,自成立以来,海牙国际私法会议已经主持制定了近四十个国际条约。在前六届会议中制定的公约,范围比较小,仅限于婚姻、家庭及民事诉讼程序方面有限的几个问题,如 1902 年制定的《婚姻法律冲突公约》和《未成年人监护公约》,而在第七届会议以后,范围逐步扩大,涉及国际私法领域大量的法律适用和程序问题,如 1961 年制定的《关于遗嘱方式的法律冲突公约》、1970 年的《民商事国外调取证据公约》、1978 年的《关于代理的法律适用公约》等。

联合国及其前身国际联盟也致力于制定国际私法公约,影响较大的有 1985 年的《国际货物买卖合同法律适用公约》、1930 的《解决汇票与本票法律冲突公约》及 1931 年制定的《解决支票法律冲突公约》等,基于联合国在国际社会中的重要地位和影响力,这些冲突法公约在解决国际法律冲突中发挥了重要作用,也为区域性组织和各国的冲突法立法提供了示范和引导作用。

国际私法立法的地区性组织中,影响最大的当数欧盟及其前身欧洲共同体。为了防止和减少当事人选择法院乱象的发生,增强法律适用的确定性,欧洲共同体一直在努力消除各成员国在法律适用方面的差异。1968 年制定了《关于相互承认公司及法人公约》和《关于民商事案件的管辖权和判决执行的公约》,1980 年制定了《关于合同义务的法律适用公约》。1993 年,欧盟成立以后,该地区的一体化程度愈加深化,欧盟努力寻求在非合同领域达成一个法律适用公约,2007 年《关于非合同义务的法律适用公约》顺利诞生,大大提升了欧盟国际私法立法的一体化水平。

三、中国的国际私法立法

(一)中华人民共和国成立以前的国际私法立法

谈及中华人民共和国成立以前的国际私法立法,一般分为古代和近代两个阶段。中国古代的冲突法立法,国内的大部分专著和教材均认可一个观点,那就是《永徽律》中"化外人相犯"条款是世界上最早的冲突规范,甚至宣称中国的国际私法立法要比西方早 700 余年。但是,也有学者认为"化外人相犯"条款并非真正意义上的冲突规范。如曾涛认为中国古代于清末以前,并未有近代西方式的国家主权观念,中国古代内外观念也远非现代意义的内国与外国,将"化外人"等同于外国人是不甚准确的,也不能简单地将唐代"化外人"规定视为世界上最早的国际私法成文立法,但应该说此种古代中国式的解决涉外法律问题的原则与近代国际私法理念暗合,体现了那一时代中国在处理涉外交往方面开放的心态和高超的立法技术。[①] 周江也认为《永徽律》中的"化外人相犯"

---

① 见中国政法大学国际法学院网载曾涛的《中国国际私法学术史研究——1949—1958 年的国际私法》一文。

条款不属于我们所认为的冲突法规范,《唐律疏议》中对其的进一步阐明和解释也不能被视为冲突法学说在中国的萌芽。① 近代中国的国际私法立法,最主要的是北洋政府于1918年制定了《法律适用条例》,该法是我国历史上第一次系统的冲突法立法,涉及人、亲族、继承、财产等诸多方面,内容十分详尽。由于该法的内容及体例几乎全部套用德国的冲突法立法,严重脱离了中国的实际,加之,近代以来的中国一直处于战乱之中,所以,《法律适用条例》没有发挥什么实际作用。

(二)中华人民共和国成立以后的国际私法立法

中华人民共和国成立以后,我国受到了美国等国的经济封锁,加之自身在经济发展中存在政策失误,使得我国的经济实际上处于封闭或半封闭状态。在对外经济交往不太活跃的情况下,国际私法立法就失去了发展的客观基础。加之我国在一段时期内,完全无视法律的重要作用,连国内的基本法律都持漠视和破坏的态度,国际私法立法更是无从谈起了。改革开放以来,我国的涉外民事关系迅速发展,客观上推动了的我国国际私法立法。1986年,我国颁布施行了《民法通则》,此后,1988年发布了《关于贯彻执行〈中华人民共和国民法通则〉若干问题的意见(试行)》。此外在1992年颁布的《海商法》、1995年颁布的《票据法》和《民用航空法》中也有少量专门性冲突规范。上述规定初步确立了我国的国际私法制度框架。随着,我国对外开放的进一步深化,尤其是自我国加入世界贸易组织以来,涉外民商事纠纷日渐增多,客观上需要完善我国的国际私法立法。学术界也一直在大力推动,如中国国际私法协会草拟了《中国国际私法示范法》,并多次易稿。《法律适用法》于2010年通过并于2011年4月1日起施行。该法的出台在我国国际私法立法史上具有里程碑式的意义,作为我国第一部单行的国际私法,其颁布与施行标志着我国涉外民事法律关系规则的系统化与现代化目标已经初步实现。

第二章
拓展阅读

---

① 周江.“西方情结”的生成与消解:中国冲突法学术史考察[J].南京大学法律评论,2012.

第三章　国际私法的核心规范

知识脉络图

$$
\text{冲突规范及其存在逻辑}
\begin{cases}
\text{冲突规范的产生} \\
\text{冲突规范的存在逻辑：司法权的规则}
\end{cases}
$$

$$
\text{冲突规范的性质与作用}
\begin{cases}
\text{冲突规范的性质} \\
\text{冲突规范的作用}
\end{cases}
$$

$$
\text{冲突规范的结构与类型}
\begin{cases}
\text{冲突规范的结构}
\begin{cases}
\text{范围} \\
\text{系属} \\
\text{系属公式}
\end{cases} \\
\text{冲突规范的类型}
\begin{cases}
\text{单边冲突规范} \\
\text{双边冲突规范} \\
\text{重叠适用的冲突规范} \\
\text{选择适用的冲突规范}
\end{cases}
\end{cases}
$$

$$
\text{连结点的软化及其限度}
\begin{cases}
\text{连结点的软化及其发展趋势} \\
\text{司法擅断的制约环境与连结点软化的限度} \\
\text{对中国《法律适用法》的简要评介}
\end{cases}
$$

$$
\text{准据法的概念与特点}
\begin{cases}
\text{准据法的概念} \\
\text{准据法的特点} \\
\text{准据法与 Proper Law}
\end{cases}
$$

$$
\text{准据法的选择方法及其革新}
\begin{cases}
\text{准据法的选择方法} \\
\text{准据法选择方法的变革与融合}
\end{cases}
$$

$$
\text{准据法的落空及其解决方法}
\begin{cases}
\text{准据法落空的含义} \\
\text{准据法落空的解决方法}
\end{cases}
$$

第一节　冲突规范及其存在逻辑

国际私法要回答的两个最为核心的问题是为什么要适用外国法以及如何适用外国法。对于前者,实际上要回答的是为什么要承认外国法的效力。如果一国法院在裁决涉外纠纷时,一概不考虑外国法在本国的效力,仅仅依据自己国家的法律进行裁决的话,那就无须国际私法了。实际情况是,在整个国际私法学说及立法发展的过程中,各国对于承认外国法的域外效力及在此基础上法律选择必要性的争议越来越少,主要原因是各国看到了拒绝适用外国法而坚持严格的属地主义的做法终究对自己不利。正如有学者指出,"在国际民商事交往日益发达,国际经济生活趋向一体化的今天,一国政策必须更加地注重国际性考虑,在有些问题上,与国际社会的协调甚至应成为国内有关立法的出发点。如果其法律或政策不利于对外国当事人的保护,将有碍本国与国际社会的交流,从整体与长远来看,则必定对本国有损。"①国际民商事交往的实践充分证明了这一点。其实,生活中的诸多小事也可以说明这一道理。如我国早就有"入乡随俗"的讲究,在《庄子·山木》中有"入其俗,从其令"的记载,说的是人们到了一个地方,就应该顺从当地的习俗。类似地,我国也有"客随主便"的习惯,指的是客人完全依随主人的方便或安排而行事。无论是入乡随俗,还是客随主便,所反映的本质问题有两个:一是不同地域的人们所遵从的规则是不同的,或者说不同的人的行为习惯是有差异的;二是当人们的行为规则有冲突的时候,需要有个"择其一而从之"的规则,这个规则便是"入乡随俗"或者"客随主便"。这些习俗作为没有强制力的非正式制度之所以能够被人们长久遵循,是由于人们看到了如此做法会给彼此间的交往带来便利,有利于保持长久的互利关系。试想一下,如果一个人在与他人交往的过程中,只按照自己的行为习惯来行事,而不考虑他人的行为规则的话,可能的结果便是越来越多的人将选择不与他交往,最终将危及的是他自身的利益。知微可以见著,生活小事所反映出来的朴素道理可以说明国际民商事交往的基本原则,这个基本原则就是各

---

① 许光耀.试论最密切联系原则的利弊得失[J].法学评论,1999(1):81.

国在处理涉外纠纷时,需要在一定程度上承认外国法的效力。既然承认外国法的效力,就需要在本国法和外国法之间做出选择,因为,在很多情况下,不同国家之间的法律制度是有差异的,这种差异既有历史文化传统的原因,也受现实国情的影响。

一、冲突规范的产生

法官依据各类法律规范来处理纠纷,如果仅仅处理国内案件,则法官直接依据该国的实体法规范和程序法规范即可。但是,当所处理的案件有涉外因素时,就必须进行法律选择,也就需要专门制定特定的规范来指引法官选择法律。也就是说,这类规范既不需要能够确定当事人具体的权利义务,也不需要确定裁决案件的具体步骤和注意事项,只需要给法官选择法律提供依据,我们把这种规范称之为冲突规范。冲突规范一般是由一国的国内法或者国际条约规定的,对法官选择法律具有强制力。如我国《法律适用法》第二条规定:“涉外民事关系适用的法律,依照本法确定。”最高人民法院也多次要求各级法院在处理涉外案件时,必须按照《法律适用法》中的冲突规范来确定准据法。再如1986年海牙国际私法会议通过的《国际货物买卖合同法律适用公约》中的相关冲突规范对缔约国的法院在处理该公约缔约国之间的涉外民商事纠纷就有强制约束力。回顾国际私法学说的发展历史,人们热衷于探究如何选择法律,忽视对冲突规范存在理由的法理分析。如果我们从“权力必受制约”这一基本法理出发来分析冲突规范的话,就能深刻理解它产生的必然性和存在的重要意义,也可能对各种冲突法学说的科学性做出评判。国际私法学说史上那些主张彻底抛弃冲突规范的观点之所以受到质疑和反对,并且实践中很少有国家抛弃冲突规范,原因就在于法官适用法律的过程就是行使司法权的过程,而司法权的运用需要有一套规范来制约,这套规范就是冲突规范。

二、冲突规范的存在逻辑:司法权的规制

上文已经指出,涉外纠纷的处理通常需要在本国法和外国法之间进行法律选择。那么,如何选择呢? 如果任由法官来选择的话,可不可以? 其实,在国际私法学说史上不乏有人提出应该赋予法官以自主选择的权力,即让法官通过比较来确定所应该适用的法律,他们认为这样更能实现法律的公平正义的价值目标。这种想法颇具理想色彩,似乎认为,法官天然地就是公平正义的守护神。如果法官确实具备很高的专业素养和道德水准,他在裁判案件过程中,不会偏

袒任何一方当事人,更不会枉法裁判,他也对可能被适用的本国法和外国法都很熟悉,在这种情况下,让法官自由裁决,确实可能使案件得到公平合理的解决。但是,各国的司法实践证明,法官在行使司法权的过程中,难免会出于自身利益的考虑而枉法裁判,法官的权力同任何权力一样,都不能违反权力必受制约的铁律。人们对权力的自利性和扩张性的认识十分深刻,正如法国的启蒙思想家孟德斯鸠指出"一切有权力的人都容易滥用权力,这是一条万古不易的经验","有权力的人们使用权力一直到遇有界限的地方才休止"。① 因此,我们从权力必受制约的规律出发,便可推出司法权同样要加以规制的结论。法官在处理涉外案件时,他要对所应该适用的法律进行选择,这种情况下不能赋予法官太大的自由裁量权,否则,他极有可能滥用手中的权力。正如我国有学者在谈到国际私法中的自由裁量权时指出的那样,若一味强调和扩大法官的自由裁量权,使权力急剧累积和膨胀则必然会导致权力的腐败、司法的专横,从而削弱法律的权威,影响个案的公平,破坏法制的统一。况且,法官自由裁量的拓展加强了法官个人的能力、品性与实现案件结果的正义间的联系,增大了司法维护社会公正的主观性、风险性。为了促使法官权力的行使符合社会正义的目的,以维护国际私法的统一及其目的的实现,必须对自由裁量权施加控制。②

如何控制法官的权力呢?"权力制约权力"是一条重要途径,其中,对司法权进行制约的最主要权力就是立法权,具体体现为各国立法机关通过制定各类法律规范来对法官适用法律进行控制,即我们通常说的法官必须以法律为准绳对案件进行裁判。国际私法的主要目的是解决国际范围内不同法律体系间的民商事法律冲突,而解决上述法律冲突,首先要进行法律选择。国际私法的产生与发展始终围绕着要不要进行法律选择和如何进行法律选择而展开。纵观国际私法的发展历史,各国对于承认外国法的域外效力及在此基础上法律选择必要性的争议越来越少,但是对法律选择方法的争议却一直未断。追根溯源,对法律选择方法的争议主要围绕着公正与效率、确定性与灵活性、权力本位与权利本位、形式正义与实质正义的对立而展开。然而,上述对立是任何法律规范都存在的内在矛盾,并非冲突规范所独有。我们在谈及冲突规范性质的时候,经常把它和程序法规范、实体法规范相提并论,区分的角度主要是它们的作用和内容。从法律规范作用的角度来看,冲突规范的一个重要特点是,它存在的主要目的是为法官选择法律提供指引。也就是当法院在处理涉外纠纷时,不

---

① 孟德斯鸠. 论法的精神[M]. 彭盛,译. 北京:商务印书馆,1982:154.
② 徐伟功. 国际私法中的自由裁量权论纲[J]. 华南师范大学学报,2002(4):16.

能想当然地直接适用本国法来处理,而是在本国法与外国法之间进行选择。如何选择呢? 需要依据一定的规则来选择,否则,任凭法官自由裁量,就可能会产生不公正的判决。法官在裁决案件时,行使的是公权力,但凡权力,都有可能被滥用,所以,必须制定一定的规则来约束法官,这样的规则就是冲突规范。因此,我们可以说,冲突规范本质上就是对司法权这一公权力的控制,它并不直接规范当事人等私人主体的行为。而程序性规范和实体法规范则既包含着对司法权等公权力的控制,也包括对私人主体行为的控制。

　　有关冲突规范的任意性适用在理论上和实践中都有所发展。所谓冲突规范的任意性适用,指的是把是否适用冲突规范的决定权赋予当事人,在涉外民商事案件的审理中,只有在至少一方当事人提出请求时,法院才会适用冲突规范及其可能指向的外国法。[①] 这就意味着,冲突规范能否得到适用实际取决于当事人的意愿,法官并无依职权主动适用的职责。但是,一旦当事人选择了通过冲突规范来确定准据法处理纠纷,法官就会依据本国的冲突法规则来处理案件,根据案件的具体情况,选择具体的冲突规范。冲突规范依然对法官有强制性约束力。因此,在上述情况下,冲突规范依然发挥着指引法官选择法律的作用,依然体现了它对司法权的控制。

第二节　冲突规范的性质与作用

一、冲突规范的性质

　　"没有冲突规范,就无所谓国际私法"[②],说的是冲突规范在国际私法中的重要地位。从巴托鲁斯的"法则区别说"算起,冲突规范已经有七八百年的历史了,可是对其性质的认定却见仁见智。在我国,大部分学者从冲突规范与实体性规范、程序性规范相比的角度,将其认定为一种特殊的、对涉外民商事法律关系起间接调整作用的法律适用规范。有学者从联系比较的角度来认识冲突规范,认为冲突规范是法律适用规范中的一种,与此相并列的还有法律适用范

---

①　徐鹏.论冲突规范的任意性适用:以民事诉讼程序为视角[J].现代法学,2008(4):141.
②　肖永平.中国法学界研究冲突规范的路径[J].政法论坛,2005(4):20.

围规范、法律选择规范和法律定义规范。也有学者不同意上述看法,认为冲突规范的是一种"法律规范的规范",即选法规范或法律选择规范。还有学者认为冲突规范属于法的技术性规定而非法律规范。上述看法均有一定的道理,主要区别在于论证的角度和语言的表述。可以看出,从不同角度和不同层次看待事物有助于我们认清事物的全貌,正所谓"横看成岭侧成峰,远近高低各不同"。但是,角度和层次的混同反倒会让我们难以识别"庐山真面目"。从上文中的"法律适用规范""法律选择规范""法的技术性规定"等表述来看,如果我们对法律规范做较为广义的理解,即法律规范是国家专责机关制定的约束人的行为规范,那么,冲突规范首先应该肯定的是它属于法律规范的一种。如何对法律规范进行分类呢? 可以从多个角度进行区分,如按照法律规范对人们行为规范的强制力不同,可以将法律规范分为强行性规范和任意性规范;根据内容和约束对象的不同,可以把法律规范分为实体法规范、程序法规范和冲突规范。实体法是规范实体权利义务的,如民法、婚姻法等,程序法则是保障实体权利义务如何实现的规范,如民诉法、仲裁法等。冲突规范与实体法和程序法相比较,既不规定具体的权利义务,也不是程序性规定。实体法规范和程序法规范既约束当事人,又约束法官。实体法规范是人们的行为准则,法官审理案件也需要以此为准绳;程序法规范既约束当事人如何进行诉讼,也约束法官的审判活动。冲突规范则不然,它直接约束的是法官,对当事人并无直接约束力,这可以说是冲突规范与实体法规范和程序法规范的根本不同。因此,我们可以说,冲突规范是一种不同于实体法规范和程序法规范的法律规范。

二、冲突规范的作用

(一)指引法官适用法律

如上文所述,法官在处理涉外纠纷时会遇到法律冲突,需要在适用何国法律之间进行选择。法官选择所应该适用的法律也需要一定的规范引导,这样的规则就是冲突规范。因此,通常把冲突规范也称之为"法律适用规范"和"法律选择规范"。以"不动产适用不动产所在地法"这一条冲突规范为例,它指引法官在解决涉外不动产纠纷时,所选择适用的法律是不动产所在地国家的法律,法官需要根据案件事实查明不动产所在的地方,然后根据该国的相关实体法来确定当事人的权利义务,进而做出裁判。

(二)间接调整民事关系

冲突规范并不直接规定涉外民商事法律关系当事人的权利义务,不能直接评判当事人的行为是否合法有效,它必须与经过它援引的某一特定国家的实体规范结合起来,才能发挥法律规范调整当事人权利义务的作用,因而只是间接调整的作用。与实体法相比较,冲突规范难以使当事人预见法律关系的后果,故而缺乏实体规范那样的预见性和明确性。由于冲突规范只是做出立法管辖权上的选择,即通过连结点对有关涉外民事关系指定一个特定国家具有立法管辖权,而不问该管辖权国家有无调整该法律关系的法律及其具体内容如何,因此,有时会缺乏合理性或针对性。

(三)解决国际民事法律冲突

冲突规范的根本使命在于解决国际民事法律冲突。国际民事法律冲突的解决主要有两种方法,即直接调整的方法和间接调整的方法。这两种方法各有利弊,共同担负起解决国际民事法律冲突的重任。从司法的便利性及结果的可预见性上来讲,直接调整的方法更具有优势。随着各国之间民商事交往的迅速扩大,部分国家和国际组织致力于制定各类国际条约,为直接调整方法的运用创造了条件。但是,我们也应该清醒地看到,在婚姻家庭继承等领域是很难达成国际条约的。因此,冲突规范在未来很长一段时期内,其解决国际民商事法律冲突的作用是统一实体法所难以替代的。

第三节　冲突规范的结构与类型

一、冲突规范的结构

冲突规范是一种特殊的法律规范,这种特殊性不仅体现在内容方面,而且体现在结构方面。一般的法律规范由"规范适用的条件""行为模式"和"法律后果"组成,而冲突规范则没有明确的行为模式和法律后果,形成了一种独特的结构,分为"范围"和"系属"两个部分。冲突规范的范围和系属与一般法律规范的上述三个要素基本上能够对应起来。范围实际上确定了冲突规范适用的条件,即法官选择法律首先要确定解决何种类型的法律问题。系属指明了法官适用法律的行为模式和法律后果,行为模式就是明确了法官针对特定问题的法律适用行为,而法律后果则表现为据以裁决案件的所应该适用法律的确定。

(一) 范围

范围,也称之为连接对象、起作用的事实、问题的分类等,是冲突规范所调整的涉外民商事法律关系或所要解决的法律问题。例如,"侵权适用侵权行为地法"中的"侵权"法律关系就是冲突规范的范围,它指出了法官要处理的法律问题是侵权问题。

(二) 系属

系属,也称之为冲突原则,是指明冲突规范所涉及法律关系应适用的法律,其语词结构通常表现为"……适用……法律"或"……依……法律"。例如,"结婚条件,适用当事人共同经常居所地法律"中的系属是"当事人共同经常居所地法律"。

(三) 系属公式

系属公式,就是把一些解决法律冲突的原则公式化为固定的系属,使它适合解决同类性质的法律冲突。常见的系属公式主要有以下几类:

1. 属人法

属人法是指与民事关系主体有关的国家的法律。它是经常被用来解决人的身份、权利能力与行为能力、婚姻、亲属和继承等领域法律冲突的一项原则。各国对属人法连结点的理解有所差异,有些国家理解为住所,有些国家理解为国籍,故属人法有住所地法和本国法之分。

2. 物之所在地法

物之所在地法常用于解决物权领域,特别是不动产物权方面的法律冲突,是民事法律关系客体的物所在地的法律。例如,我国的《法律适用法》对不动产物权及不动产遗产的法定继承均适用不动产所在地法律。

3. 行为地法

行为地法是指法律行为发生地所属地域的法律,行为地法广泛适用于合同、侵权、婚姻、继承等领域。比较常见的系属有"合同缔结地法""合同履行地法""侵权行为地法""婚姻缔结地法""立遗嘱地法"等。

4. 法院地法

法院地法是指审理涉外民事案件的法院所在地的法律。法院地法也是一种常用的系属公式,如对所涉问题的识别、离婚的法律适用等。此外,当通过冲突规范选择确定的准据法具有法律规避、公共秩序保留等排除外国法适用或者出现外国法内容难以查明的情形时,通常会适用法院地法。

5.当事人合意选择的法律

当事人合意选择的法律是指当事人双方合意选择的那个国家的法律,又称为"意思自治原则"。这是国际私法重要的系属公式之一,也是多数国家涉外合同准据法选择的首要原则。意思自治原则在市场经济条件下,适用范围得到扩展,各国立法已不再将当事人选择法律的领域局限于合同领域,侵权、物权、婚姻家庭、继承等领域也允许当事人自主选择。我国的《法律适用法》在合同、涉外代理、涉外信托、夫妻财产、涉外离婚、动产物权、运输途中的财产物权、侵权、知识产权转让和许可使用等方面广泛适用当事人合意选择的法律。

6.最密切联系地法

最密切联系地法是指法院在审理某一涉外民事案件时,权衡各种与该案具有联系的因素,从中找出与该案具有最密切联系的因素,根据该因素的指引,来确定案件所应适用的法律。这些因素通常包括当事人的住所地、行为实施地等。

二、冲突规范的类型

根据冲突规范系属中连结点的不同,可把冲突规范分为四种基本类型:单边冲突规范、双边冲突规范、重叠适用的冲突规范和选择适用的冲突规范。单边冲突规范和双边冲突规范只有一个连结点,重叠适用的冲突规范和选择适用的冲突规范有两个或两个以上的连结点。在一国的国际私法立法中,以上四种冲突规范呈现并存的状态,相对来说,单边冲突规范比较少见,只是在一国认为个别涉外民事关系确需要适用本国的法律,就会制定单边冲突规范;如果一国需要从严掌握某些涉外民商事关系的法律适用,就会制定重叠适用的冲突规范;如果一国认为某些涉外民商事关系的法律适用可以宽松一些,就可以制定双边冲突规范和选择适用的冲突规范。总而言之,针对特定的涉外民事关系,可以制定不同类型的冲突规范,在国际民事交往越来越密切的全球化时代,为了给复杂多样的民事关系提供灵活的法律适用,各国的国际私法中双边冲突规律和选择适用的冲突规范占的比重较大。

(一)单边冲突规范

单边冲突规范是直接指明适用某国法律的冲突规范。既可以明确指出只适用本国法,也可以直接规定只适用外国法。例如,《中华人民共和国合同法》第一百二十六条第二款规定:"在中华人民共和国境内履行的中外合资经营企业合同、中外合作经营企业合同、中外合作勘探开发自然资源的合同,适用中华人民共和国的法律。"这条冲突规范直接指明了三类合同关系适用的法律是中华人民共和国法律。

(二)双边冲突规范

双边冲突规范在系属中规定了一个抽象的连结点,并以其为依据去推定适用某一国家法律的冲突规范。例如,我国《法律适用法》第十五条规定的"人格权的内容,适用权利人经常居所地法律。"就是一条双边冲突规范。根据它提供的以经常居所地为导向的法律适用规则,结合经常居所地位于何国这一实际情况,就可以推定应该适用的法律。双边冲突规范所指引确定的准据法既可能是本国法,也可能是外国法,它体现了内外国法律的平等对待,符合国际私法的发展方向,因此,它是最常见的一类冲突规范。

(三)重叠适用的冲突规范

重叠适用的冲突规范有两个或两个以上的连结点,意味着这两个或两个以上的连结点所指向的法律必须同时予以适用。例如我国《法律适用法》第二十八条规定:"收养的条件和手续,适用收养人和被收养人经常居所地法律。"这表明,判定收养的条件和手续的合法性,必须通过重叠适用收养人和被收养人经常居所地的法律来确定。一般来说,重叠适用的冲突规范中有一个连结点是法院地,旨在通过适用法院地的法律来实现维护法院地国的公共利益。如此严格控制涉外民商事关系法律适用的做法缺乏合理性和科学性,因此,现代各国一般极少制定此类规范,我国的《法律适用法》在关于收养条件和手续的法律适用规定,目的在于更为全面地保护被收养人的利益。

(四)选择适用的冲突规范

选择适用的冲突规范有两个或两个以上的连结点,即规定了两种或两种以上可以适用的法律,法官可以选择其中的一种。根据选择方式又可再分为两种:第一种,无条件选择适用的冲突规范。在这种冲突规范中,其系属指明的几种法律具有同等地位,可以不分先后顺序而任意进行选择。例如,我国的《涉外民事关系法律适用法》第十六条规定:"扶养,适用一方当事人经常居所地法律、国籍所属国法律或者主要财产所在地法律中有利于保护被扶养人权益的法律。"这里的任何一方当事人的经常居所地法律、国籍所属国法律和主要财产所在地法律均可以用来处理涉外扶养关系。第二种,有条件选择适用的冲突规范。在这种冲突规范中,其系属指明的几种法律处于不同的地位,首先适用顺序排在首位的法律,只有该法律无法适用时,才能选择其后顺序的法律。例如,我国的《涉外民事关系法律适用法》第二十一条规定:"结婚条件,适用当事人共同经常居所地法律;没有共同经常居所地的,适用共同国籍国法律;没有共同国籍,在一方当事人经常居所地或者国籍国缔结婚姻的,适用婚姻缔结地法律。"这条冲突规范把当事人共同经常居所地法律置于首先适用的地位,在没有共同经常居所地的情况下,才考虑适用共同国籍所属国法律,如果双方当事人不具有共同国籍,则考虑适用婚姻缔结地法律。

第四节　连结点的软化及其限度

一、连结点的软化及其发展趋势

(一)连结点

连结点指的是冲突规范借以确定某一涉外民商事关系应适用何国法律的根据。"连结点"也称之为"连结因素"或"连接根据"。例如,我国《法律适用法》第十二条第一款规定:"自然人的民事行为能力,适用经常居所地法律。"这条冲突规范中的"经常居所地"就是连结点,确定了一个人的经常居所地,就可以确定据以判定他行为能力的法律。在冲突规范中,连结点的法律意义表现在两个方面:第一,从形式上看,连结点起着一种把冲突规范中范围所指的法律关系与一定地域的法律联系起来的纽带或媒介作用;第二,从实质上看,这种纽带或媒介又反映了该法律与一定地域的法律之间存在着内在的实质联系或隶属关系。

连结点实际上类似于萨维尼法律关系本座说中的"本座"。萨维尼认为,凡涉及人、财产、合同、侵权、继承的法律关系等,都可归属于一个本座,这个本座在某种程度上是稳定的和能够确定的,如住所、居所、财产所在地、合同地、合同履行地、行为完成地等。这种按照法律关系的性质,依据连结点做出法律选择的方法,开创了解决法律冲突、进行法律选择的新路径。

(二)连结点的软化

传统冲突规范因其缺乏灵活性而备受诟病,通过机械僵硬的冲突规范来确定准据法,极有可能使案件处理的公正性难以保证。为了改变这种状况,人们想到了对冲突规范进行"积极的软化",也就是连结点的软化,即把单一、固定和刚性的连结点改变为多层次、开放和软性的连结点,给法院提供一个选择法律的空间,使其能比较相关法律,选择出最合适的准据法,使个案得以公正解决。例如,我国在《民法通则》中对结婚的法律适用的规定是"中华人民共和国公民和外国人结婚适用婚姻缔结地法律",这里的连结点只有一个,即"婚姻缔结地",而新颁布的《法律适用法》第二十一、二十二条对结婚条件和结婚形式的法律适用分别做了规定,且规定了多个连结点。第二十一条的规定:"结婚条件适用当事人共同经常居所地法律;没有共同经常居所地的,适用共同国籍国法律;没有共同国籍,在一方当事人经常居所地或者国籍国缔结婚姻的,适用婚姻缔结地法律。"第二十二条的规定:"结婚手续,符合婚姻缔结地法律、一方当事人经常居所地法律或者国籍国法律的,均为有效。"如此改变,增加了法官选择法律的灵活性。

(三)连结点软化的发展趋势

连结点是冲突规范系属部分的一个要素,起着确定准据法的作用,连结点的软化是区分传统冲突规范与现代冲突规范的重要标志。传统冲突规范是与现代冲突规范相对应的概念,指从 14 世纪巴托鲁斯创立"法则区别说"至 20 世纪中叶美国冲突法革命时这一阶段的冲突规范。传统冲突规范具有确定性、可预见性等优点,但也有着严重的缺陷,根据冲突规范指引的准据法被确定之前,法官并不知道该外国法的具体内容,法官事实上就不是在选择法律,而只是在选择一个有立法管辖权的国家。为了适应国际经济交往不断发展的需要,同时也为了促使法律适用上明确性与灵活性的平衡,国际上出现了对传统冲突规范进行"软化处理"的潮流。这一潮流发端于 20 世纪 30 年代,美国一批现实主义法学家针对传统国际私法机械、僵硬、简单、盲目的缺点对传统冲突法发难,以求变革国际私法,追求更加实用的法律选择,即强调灵活性、追求个案公正和通过适用法院地法保护国家利益,这就是著名的美国"冲突法革命"。在这场革命中,产生了许多学说,较有代表性的有库克的"本地法说"、柯里的"政府利益分析说"、卡弗斯的"结果选择说"和利弗拉尔的"法律选择五点考虑"等。这些学说都针对传统国际私法的缺点从各个角度提出了新的法律选择方法。这些法律选择方法的一个共同特点在于把冲突规范的连结点进行了软化处理。对美国冲突法革命的赞扬声铺天盖地,同时批评声也是不绝于耳。美国冲突法革命,尤其是其集大成者"最密切联系原则"的确使得法律选择"过度灵活"。以极富灵活性的法律选择方法取代传统的法律选择规则,其缺陷是使法律选择失去了明确性和稳定性,当事人无从预见将要适用的法律和判决结果,法官自由裁量权过大,以致影响真正意义上"公正"的实现。正因为如此,在美国,尽管有很多州采纳了《第二次冲突法重述》中灵活性规则,但是还有十余个州固守传统的冲突规则。主张传统冲突规则的学者对柯里的"政府利益分析说"、美国《第二次冲突法重述》进行了批判,认为这会使法院在通过结果选择法律时存在很大的误差。而且法官的偏好破坏了法律选择的可预见性。尤其是《第二次冲突法重述》,因为在它所列举的各项因素中,并没有说明彼此适用的顺序和权重如何。与进行冲突法革命的美国相比,同时期的欧洲冲突法也在朝着灵活性发展。在坚持"兼顾传统与现代的手段"的基础上,欧洲冲突法有控制地在冲突规范中逐渐增加着灵活性因素。因此,从世界范围来讲,美国冲突法与欧洲冲突法都呈现出增加灵活性的趋势,只不过欧洲没有美国那么激进。

对连结点进行软化处理的主要表现形式有三:一是用灵活的开放型的系属公式代替僵硬的封闭的系属公式,也就是以主观连结点代替客观连结点。这种做法始于合同法领域,现在已超越了合同法领域,主要是通过意思自治原则和最密切联系原则来实现。二是增加连结点的数量和设立补充性连结点。增加连结点的数量指的是在冲突规范中规定两个或两个以上的连结点,法官可根据情况从中任选一个以确定准据法。这种方式既可以避免只规定一个连结点所导致的绝对性,又可以避免法官不加限制的肆意裁判,因此受到越来越多国家立法的采纳。设立补充性连结点是指当主要冲突规则的连结因素不存在或不成立时,便以此补充性连结点作为替代。三是对同类法律关系进行划分,依其不同性质规定不同的连结点,即所谓"分割法"。例如,在合同领域,对不同类型的合同,依其性质设定不同的连结点。我国曾在合同领域内适用最密切联系原则时采用特征性履行方法,共分为十三种合同,并分别规定其连结点。在侵权领域中,产品责任、交通事故、环境污染、媒体侵权等案件均各有其重心所在,概括性的侵权行为地这个连结点难以体现案件的不同特点。因此,应该依据法律关系类型的不同性质,采用不同的连结点。这种趋势能够使得准据法的选择更能反映法律关系的具体情势,保证个案公正。

二、司法擅断的制约环境与连结点软化的限度

法律制度的核心价值在于实现公平正义,世界上任何法律制度要想实现正义的价值目标,都必须处理好规则和裁量的关系。强调规则忽视裁量可能会使法律的价值取向偏向形式正义;而强调裁量忽视规则可能会使法律的价值取向偏向实质正义。对二者之间关系的正确态度应该是,规则是必要的,而裁量同

样也是不可或缺的。取消所有的裁量权既不可能,也不可取。理想的目标就是"在规则与裁量之间达成适当的平衡"。① 规则与裁量之间的矛盾的另一种表述就是法律的稳定性与灵活性之间的矛盾。卡多佐指出,"所有国家的法律制度存在并将永远存在两种司法要求间的矛盾:法律一方面必须具有确定性和可预见性,另一方面又必须具有灵活性,能够根据情况适当调整。"②应该说,但凡权力的行使,都有一个规则与裁量的平衡问题,司法权的行使更是如此。司法过程中的自由裁量行使得当,有助于公平正义的实现,反之,则可能为司法不公创造了条件。

具体来说,国际私法中法官的自由裁量权指的是什么呢? 沃克在《牛津法律大辞典》中将法官自由裁量权界定为酌情做出决定的权力,并且这种决定在当时情况下应是正义、公正、正确、公平和合理的。法律常常授予法官的权力或责任,使其在某种情况下可以行使自由裁量权。有时是根据情势所需,有时则仅仅是在规定的限度内行使这种权力。③ 国际私法案件的处理,同样需要法官在规则与裁量、稳定性与灵活性之间进行平衡。纵观国际私法发展的历史,很多时候都没有处理好二者的关系,往往游走于规则与裁量的两个极端。20 世纪之前,规则主义占据主导地位,具体表现为冲突规范比较僵硬、呆板,与这一时期整个司法活动的风格相一致。正如庞德指出,"19 世纪的法学家曾试图从司法中排除人的因素,他们努力排除法律适用所有的个体化因素。他们相信按严谨的逻辑机械地建立和实施的封闭的法律体系,在他们看来,在这一封闭的法律体系的起源和适用中承认人的创造因素,是极不恰当的。"④进入 20 世纪以来,国际私法学说及各国在立法、司法中均开始重视裁量的价值,一个最直接的体现就是对冲突规范的连结点进行软化处理。连结点的软化意味着法官在审理涉外案件时,可以有更多的选择。如果冲突规范设定了三个选择性连结点,那么案件的处理就可能有 A、B、C 三种不同的结果,法官就会根据案件情况进行选择。如果法官能够秉公办案,则会选择最能体现公平正义的处理方案。但是,法官能否公正处理案件,有许多条件,如果不能对法官的司法擅断进行有效制约,则难以保证法官公正无私地裁判。因此,连结点的软化理应考虑一国司法擅断的制约环境。

---

① 刘晴. 自由与裁量主义:读戴维斯《裁量正义——一项初步的研究》[J]. 政法论坛,2011(1):150.

② 卡多佐. 法律的成长[M]. 董炯,等译. 北京:中国法制出版社,2002:4.

③ 戴维·沃克. 牛津法律大辞典[M]. 邓正来,等译. 北京:光明日报出版社,1989:261.

④ 庞德. 法律史解释[M]. 北京:华夏出版社,1989:123.

　　实践证明,要想实现规则和裁量的平衡,即需要考虑冲突规范本身,也需要考虑一国的司法环境。因此,一国在制定自由裁量权的条款时,必须考虑相关的影响因素。国外学者中,萨里米尼认为,采用灵活的法律选择方法还是地域性的法律选择方法,完全取决于不同地域所具有的特色性资源,他运用实证分析证明这一观点。萨里米尼在实证分析中发现一州的冲突规范与该州法院的声望好坏、审判革新情况、法律职业化程度、律师实力、人口多少以及城市化进度等地域性因素都密切相关。① 我国也有学者对这些影响因素进行了总结,认为主要有以下几个方面:①国际私法的价值取向。主要包括法律的确定性、一致性和预见性,国际秩序的要求,法院地国家的利益,当事人的正当期望,具体案件的公正性等。②法官的素质。法官的素质越高,立法者就越有信心赋予法官自由裁量权,给法官以更大的施展空间,以矫正立法中可能给当事人造成的不公平的现象。反之,若法官的素质低下,立法者就不得不在立法中限制其自由裁量权的行使,以防止其滥用自由裁量权,造成大量的冤假错案。③立法者的认识。④公民的法律理念。②

　　具体到我国现阶段,我国大的司法环境不适宜赋予法官以较大的自由裁量权,主要原因是我国现阶段的司法独立性仍需加强,法官素质参差不齐,处理涉外案件的能力有待提高,而这两个方面又是影响自由裁量权限度最为关键的因素。如果司法难以独立,法官审理案件会受到来自各个方面的干扰,法官的自由裁量权过于大的话,冲突规范的灵活性不仅难以保证案件的公正处理,反而会成为有关利益主体与法官共谋不正当利益的工具。如果法官的法律品格和业务能力不高的话,他们在涉外案件的处理过程中,会从自身成本收益的角度出发,他们会尽量避免适用外国法,因为外国法的适用可能会给他们带来很多麻烦。例如,法官需要通过一些途径查明外国法,并且在查明该外国法后,需要判断或证明其正确与否,或者他们需要掌握多门外语以查明外国法的内容。但是,不可否认的是,即使他懂得所涉准据法国家的语言,由于文化上的差异,也不一定能断定自己对该国法律的解释正确无误。在这种情况下,如果冲突规范的连结点过于软化,法官就会挑选其中的连结点,主要是选择能够适用法院地法律的连结点。只要在法官自由裁量的范围内,法官可能更多地考虑自己的方便和利益,而不是案件的公正处理。更有甚者,如果一方当事人发现适用法院地法更有利于维护自己的利益时,他可能会设法疏通甚至贿赂法官,让法官挑

---

① 朱莉.管窥美国冲突法之经济学理论中的研究方法[J].黑龙江社会科学,2009(3):182.
② 徐伟功.国际私法中的自由裁量权论[J].华南师范大学学报,2002(4):15-16.

选连结点。如此一来,案件不可能得到公正处理。

三、对我国《法律适用法》的简要评介

总体来说,我国的《法律适用法》中绝大部分冲突规范的连结点相比以前,其灵活程度大大提高,顺应了连结点软化的国际潮流。主要体现为将当事人意思自治和最密切联系原则设定为涉外民事关系法律适用的基本原则。当事人自治原则已经在很多事项上得到了广泛的接受,几乎成为这些事项确定准据法的首要冲突规则,如在代理、信托、协议离婚等诸多条款中均有体现。最密切联系已经被接纳为涉外民事法律关系的法律适用原则,正如《法律适用法》第二条所规定:"……本法和其他法律对涉外民事关系法律适用没有规定的,适用与该涉外民事关系有最密切联系的法律。"此外还广泛采用设定多个连结点(选择性连结点和补充性连结点)的做法。其中采用选择性连结点的条款有十七条,如《法律适用法》第二十九条规定:"扶养,适用一方当事人经常居所地法律、国籍国法律或者主要财产所在地法律中有利于保护被扶养人权益的法律。"采用补充性连结点的有十六条,如《法律适用法》第二十一条规定:"结婚条件,适用当事人共同经常居所地法律;没有共同经常居所地的,适用共同国籍国法律;没有共同国籍,在一方当事人经常居所地或者国籍国缔结婚姻的,适用婚姻缔结地法律。"对同类或同一法律关系进行划分的有三条,如《法律适用法》第四十二、四十三条分别就消费者合同和劳动合同的法律适用进行了规定,第二十八条就分别收养的条件和手续、收养的效力、收养的解除做了规定。

这些做法顺应了连结点软化处理的国际潮流,为促进涉外民事案件的公正解决,进而促进我国的国际民事往来具有重大意义。但是部分冲突规范连结点的软化超出了一定的限度,为司法擅断创造了条件,特别是在我国司法独立仍需加强和法官整体素质不高的特定背景下,极易导致对涉外案件的处理难以实现实体公正,如此也就达不到连结点软化的根本目的。我国有不少学者注意到了这些问题,表达了类似的担心。如有学者指出,法律选择过程中的实质正义极具灵活性和机动性,它以个案公正性为最高圭臬,它的正确适用以法官浑厚扎实的专业基础和高尚公正的道德秉性为前提,只有当这两者兼具,实质正义才不会误入过分强调法院地法适用的狭隘的民族利己主义的歧途,也不会沦为为各色利益所魅惑而引发道德偏差的适用人手中的不法工具,在我国法官素质需要持续提高的真切现实面前,《法律适用法》中实质正义的实现有待提高。

第五节　准据法的概念与特点

一、准据法的概念

准据法是国际私法中的特有概念。一般认为,准据法是指经冲突规范指引用来具体确定民事法律关系当事人权利与义务的特定实体法。也有学者指出准据法确定的不只是当事人的权利和义务,也应该包括责任。此外,还有学者不同意上述观点,认为准据法指的是特定国家的法律体系,而不是具体的法律条款。有国际管辖权的法院依照法院地国家的冲突规范的指定,以某个国家(法院地国家或外国)的法律体系为准据法是一回事,而适用该国法律体系中具体的法律规则或法律条文来确定当事人的权利义务是另一回事。严格地说,只有前者才属于国际私法的任务,而后者虽然也是审理涉外案件的法官在确定了案件的准据法之后所不能回避的,但它本身却不属于国际私法的任务。由此可见,法官在处理涉外案件时,在管辖权的确立、涉外因素的判定,以及通过识别来选择具体的冲突规范时,已经对案件所涉的具体法律问题有了一定程度的把握,其直接目的也在于确定当事人具体的权利与义务。因此,经过冲突规范指引确定的准据法应该就是具体的实体法规范,而不是笼统的法律体系。例如,对于"结婚适用婚姻缔结地法"这一条冲突规范而言,经其指引的准据法就是特定国家的调整有关婚姻关系的法律规范。如果婚姻缔结地在法国,准据法即为法国解决有关婚姻问题的实体法;如果婚姻缔结地在中国,准据法即为中国解决有关婚姻问题的实体法。

二、准据法的特点

准据法作为国际私法上的特殊法律范畴,具有以下三个特点。

(1)准据法必须是通过冲突规范所援引的法律。未经冲突规范的指定而直接适用于涉外民商事法律关系的法律不能被称为准据法。国际民事纠纷的处理,需要以特定国家的实体法和程序法为依据来进行裁决。程序法一般只适用法院地法是一项基本原则,被国际社会所普遍接受。因此,程序法的适用不存在法律选择的问题。但是,实体法必须要进行选择,法律选择需要依据一定的规则,这种规则就是冲突规范。经过冲突规范指引能够据以解决纠纷的实体法就是准据法,那些未经冲突规范指引而直接用于解决国际民事纠纷的实体法不能称之为准据法。

(2)准据法是能够具体确定当事人权利与义务的实体法。现代各国绝大部分都制定了或多或少的冲突规范,用于解决国际民事法律冲突。应该说,一国的法律规范中既有实体法规范和程序法规范,也有冲突法规范。如果冲突规范指引确定的法律是外国法时,这里的外国法仅仅指的是该国的实体法规范,而不包括程序法规范和冲突规范。能够成为准据法的实体法的范围除了各国的国内实体法之外,是否包括国际统一实体法,对此问题尚存争议。我国大部分学者认为,包括国际条约和国际惯例在内的国际统一实体法都可以成为准据法。因为在有些情况下,国际条约和国际惯例也会成为准据法。国际条约成为准据法的情形是:①非条约缔约国的公民或法人选择某一国际条约作为调整他们权利义务关系的准据法;②如果冲突规范援用某一缔约国的国内实体法为准据法,而该国国内实体法无相应的规定或与其参加的国际条约相抵触,可以将缔约国参加的某一条约视同国内法作为准据法来适用。国际惯例成为准据法的情形是:①当事人选择国际惯例作为准据法;②有些国家的冲突法规定,依照冲突规范的指引应适用国内法时,如果本国法律或参加的国际条约无此规定,也可以适用国际惯例。但也有学者认为统一实体国际条约不宜作为准据法,理由是统一实体国际条约并不满足准据法的构成要件。将统一实体国际条约视为准据法,不仅在法院地国承担适用条约义务时容易造成条约和国内法在调整对象上的混淆,还在法院地国未承担条约义务时容易将不具有法律效力的条约内容视为有普遍约束力的法律规范。既然我们给准据法赋予了明确的定义和构成要件,就应该一以贯之地坚持,不能以国际条约和国际惯例能够作为涉外民事关系适用的依据就将它们认定为准据法。

(3)准据法一般是依据国际民事案件事实才能确定。冲突规范的系属部分用来指引确定涉外民事法律关系所应该适用的法律,但具体适用哪个国家的法律,还要根据案件的具体情况才能确定。例如,"侵权适用侵权行为地法"这一条冲突规范为法官适用法律指明了方向,具体适用何国法律来裁决案件,还要确定侵权行为地在何方,如果侵权行为地在日本,则适用日本的有关侵权的法律规定,这里的日本侵权法律规定就是准据法。需要强调的是,这里的"准据法"不应该笼统地被理解为日本的整个法律体系或法律制度,也不应该被理解为日本的全部实体法,它仅仅是指日本法律中与解决案件中的具体侵权问题有关的那些实体法规范。

三、准据法与 Proper Law

国内外学界对准据法这一概念的认识基本上是统一的,但是对与"准据法"密切关联甚至将二者等同看待的一个概念——"Proper Law"的内涵的理解不尽相同,其中文译法更是见仁见智。有关 Proper Law 的中文译法争议较大。韩德培把它译为"自体法",认为这一译法能够比较准确地反映 Proper Law 在合同和侵权法律适用中的基本原则,即意思自治原则和最密切联系原则。① 卢松认为 Proper Law 的本质是恰当地进行法律选择,因此,把它译作"适当法"较为妥当。② 肖永平认为,Proper Law 既包含主观内容,又包括客观内容,因而译作"自体法"或者"适当法"均可以,并且认为 Proper Law 在合同和侵权领域的含义有所不同。在合同领域,它是指当事人选择的法律,在当事人没有选择的情况下,是指与合同有最密切联系的法律。但是在侵权领域,仅仅指的是与侵权有最密切联系的法律。而且,当 Proper Law 扩展到其他领域时,其内涵也会有相应的变化。③ 刘慧珊在考证"准据法"一词词源的基础上,对 Proper Law 的译法做了深入探究,认为把 Proper Law 被译为准据法有充分的根据。④

因此,某个概念及其翻译是否合理科学,除了看其是否表达出了该概念本身所要描述事物的主旨,还要考虑业已形成的表达习惯。人类的生存和发展是一个连续不断的历史,语言的生成和发展变化,包括理论术语的演变也是一个日渐丰富的过程。某些术语之间存在密切的联系,当然,随着时代的发展变化,也会存在一些差异。我们不能简单地认为历史上某些学者的认识和表述就揭示了事物终极实在的本质,更不能认为现今的看法就是绝对合理的,我们必须考虑概念界定的发展变化及其背景。正如哲学家冈奎莱姆曾经指出:"某种概念的历史并不总是,也不全是这个观念的逐步完善的历史以及它的合理性不断增加、它的抽象化渐进的历史,而是这个概念的多种多样的构成和有效范围的历史。"⑤至于不同语言间的互译更是十分复杂的问题,牵涉到运用不同语言的国家或民族互不相同的历史传统和发展轨迹及其相互关系。而且,语言间的翻

---

① 中国大百科全书[M].北京:中国大百科全书出版社,1984:474.
② 卢松.论最密切联系原则[J].中国国际法年刊,1989:168.
③ 肖永平.法理学视野下的冲突法[M].北京:高等教育出版社,2008:69 - 81.
④ 刘慧珊.Proper Law 问题探究[J].国际经济法学刊,2004:1 - 14.
⑤ 米歇尔·福柯.知识考古学[M].谢强,马月,译.上海:生活·读书·新知三联书店,1998:3.

译往往并不是直接的,而是间接经过第三国语言才引入某个国家的,这又会造成语言间转换的"失真"。就拿上文所指的准据法来说,它是现代汉语中的外来语词汇,是 19 世纪末 20 世纪初伴随国际私法学经由日本传入中国而从日语被引进汉语的。[①] 因此,从准据法与 Proper Law 这两个概念的内容及发展历史来看,虽然有所区别,但本质上却是十分相近的,都指的是在法律选择中那些经过冲突规范指引并能够据以公正合理解决涉外纠纷的具体实体法规则。考虑到长久以来形成的表达习惯,将二者等同看待更为合适。

第六节　准据法的选择方法及其革新

一、准据法的选择方法

国际私法的根本任务是解决国际民事法律冲突,解决冲突的过程就是选择法律的过程。法律冲突的妥善解决是以案件处理的公正与效率为依归,而要实现这个目标,就必须探究科学、合理的法律选择方法。国际私法的发展历史就是一部不断寻求更为公正、更为合理的法律选择方法的历史。根据国际私法上的各种不同学说以及各国的实践,可以将准据法的选择方法概括为以下七种。

(一)根据法律规则的性质确定准据法

根据法律规则的性质来确定准据法是最古老的一种法律选择方法。该方法源于意大利巴托鲁斯提出的"法则区别说",此后几百年里,这种依法律规则性质来确定准据法的方法在荷兰、法国等国得到了广泛适用。该方法对法则的性质做了分类,如果是"物的法则",则只能适用于制定者领土之内的物;如果是"人的法则",适用于制定者管辖范围内的属民,即使属民到了不属于他管辖的领土内时,依然适用。"混合法则"是涉及行为的法则,适用于在法则制定者领土内订立的契约,是既涉及人又涉及物的。[②] 这种确定准据法的方法打破了过去坚持的严格属地主义的做法,将不同城邦(国家)间的法律予以平等对待,实属难能可贵。

---

① 刘慧珊. Proper Law 问题探究[J]. 国际经济法学刊,2004:2.

② 韩德培. 国际私法新论:上[M]. 武汉:武汉大学出版社,2009:50.

(二)根据法律关系的性质确定准据法

由于依据法律规则本身的性质来确定准据法的方法存在一些固有的缺陷,如有些法则兼具"人法"和"物法"的性质,则会使法律适用无所适从或者任意使用。到了 19 世纪,萨维尼创立了"法律关系本座说",该学说开辟了法律选择的新方法,即不再依据法则的性质来确定准据法,而是依据法律关系的性质来确定准据法。萨维尼指出,任何一种法律关系,都和一个特定的地域、场所、空间或时间有不可分割的密切联系,并且不同性质的法律关系其本座也是不同的。法官的首要任务就是为每一种法律关系找到其在本质上所属的地域,即该法律关系的"本座"。如人的身份关系的本座是住所,则有关人的权利能力和行为能力应适用当事人的住所地法,物权(包括动产和不动产)关系的本座是物之所在地,则有关物权关系应该适用物之所在地的法律。这种法律选择的方法对后世影响很大,在此基础上发展起来的"最密切联系原则"在各国的冲突法立法中被普遍采用,有的国家甚至将"最密切联系原则"上升到法律适用基本原则的高度,这些都足以说明依据法律关系的性质来确定准据法的合理性。

(三)根据利益分析确定准据法

美国学者柯里是 20 世纪美国"冲突法革命"的主要代表人物,他提出了"政府利益分析说",他认为法律冲突是表象,其背后的实质是各国政府间的利益冲突,因此,应该根据利益冲突的情况来决定法律的适用。如果一个国家与所涉案件有利益关系,就应该适用该国的法律;如果两个以上的国家与所涉案件有利益关系,其中一国为法院地国时,就适用法院地国的法律;如果与两个以上有利益关系的国家均不是法院地国时,则可以由法院自由裁量来决定应该适用的法律,在这种情况下,法院地法也有可能被适用。由此可见,柯里的"政府利益分析法"赋予了法官较大的自由裁量权且刻意适用法院地法的意图比较明显。以政府利益的有无和大小来确定准据法的做法能够避免传统冲突规范机械僵硬的不足,增加了法律适用的灵活性,但是赋予法官以较大自由裁量权极易带来法官恣意裁判的不良后果。如果法官动不动就以所涉案件与本国政府有利益关系为由而适用本国法,则有可能难以保证案件处理的公正性,进而动摇冲突法存在的基础。

(四)根据规则选择确定准据法

依据规则选择确定准据法的方法也称为"结果选择"的方法,该方法由美国学者卡弗斯提出来的,他认为传统的法律选择方法是一种管辖选择,即只指定一个管辖权,然后再由法官依据这一指定去援用应适用的实体法,法官在选择法律的时候,对所选择的外国法的具体规定并不清楚,如此选择会导致不公正的结果。因此,他主张依规则选择方法直接就有关国家的实体法规则进行比较,选择那种更适合案件公正解决的实体法作为准据法。这种法律选择方法认识到了传统选择方法的积弊,但是,此种方法同样存在不可忽视的问题,综合比较起来,不一定比以往传统规则的效果好。规则选择方法存在的最大问题是赋予了法官以极大的自由裁量权,法官要通过对不同国家实体法规则进行比较,在此基础上判断以哪种实体法处理案件更为公正,这里对"公正"的判断全部取决于法官的态度。如果以此种方法来选择法律,则冲突规范也失去了存在的意义。此外,这种选择方法会导致低效率,由于法官要对不同国家的法律进行对比,不仅面临语言上的困难,而且在缺乏对一国的法律体系整体了解的情况下,适用法律错误等情况难以避免,如此一来,法官处理案件将要付出大量时间和精力。

(五)根据当事人的协议确定准据法

根据当事人的协议确定准据法也被称为"意思自治原则",该原则确立于合同领域,表现为合同当事人可以自由选择合同所适用的法律以及当事人可以协议选择管辖合同纠纷的法院或仲裁组织。自法国的杜摩兰提出这一原则后,几经补充完善,意思自治原则已被各国国际私法立法作为合同法律选择的首要原则确定下来,并且逐步扩展到侵权、婚姻家庭、继承等其他领域。这一原则之所以在合同等领域的法律选择中成为首要的方法且被世界各国所普遍认可,根本原因在于这种选择方法充分尊重了当事人的意愿。如果当事人对纠纷本身及其法律适用后果有所了解的话,那么,这种选择就会最大限度满足当事人的利益期待。每个人是自己利益的最佳判断者,尊重当事人的选择意味着尊重当事人的利益;如果当事人对所选择的法律及其适用后果并不了解,也许所选择的法律难以达到最好的效果,但是,当事人在自己选择的情况下,往往对最终的处理结果的利弊得失不会斤斤计较。换句话说,在法律选择的过程中,赋予了当事人以自主性权利,当事人就会有"既然是我自己做出的选择,那么我就要甘于承担后果"的心理,这种选择能够在一定程度上消解他们对法院选择法律处理结果的抵触或对抗心理。因为"人们一旦参加程序,那么就很难抗拒程序带来的后果,除非程序的进行明显不公。公正的程序在相当程度上强化了法律的内在化、社会化效果。"①从司法实践来看,适用当事人选择的法律简单明了,依此确定解决争议的法律,简便易行,有助于降低办案难度,实现司法任务的简

---

① 季卫东.法律程序的意义:对中国法制建设的另种思考[M].北京:中国政法大学出版社,2004:31.

单化,提高办案质量和效率。

(六)根据分割方法来确定准据法

分割方法是指在一个涉外民事案件中,对不同的法律问题加以分割,并分别依其特性确定准据法。例如,对同一个合同,往往把合同的成立与合同的生效加以区分,二者有各自的适用规则。类似地,对同一个涉外婚姻关系,往往把婚姻形式要件和实质要件加以区分。如我国《法律适用法》就对结婚条件和结婚形式分别做了规定:其中,第二十一条规定:"结婚条件,适用当事人共同经常居所地法律;没有共同经常居所地的,适用共同国籍国法律;没有共同国籍,在一方当事人经常居所地或者国籍国缔结婚姻的,适用婚姻缔结地法律。"第二十二条规定:"结婚手续,符合婚姻缔结地法律、一方当事人经常居所地法律或者国籍国法律的,均为有效。"此外,第二十八条分别就收养的条件和手续、收养的效力、收养的解除做了规定。这种方法也是针对传统冲突规范机械、僵硬的法律选择方法提出的,为的是提高法律选择的灵活性,在国际民商事关系日趋复杂的大背景下,这种方法越来越受到重视。

(七)根据有利于判决在国外的承认和执行来确定准据法

依有利于判决在国外的承认和执行来确定准据法的方法也日益受到重视。这种方法认识到了准据法的选择并不是最终的目的,最终的目的是当事人权益的维护,这有赖于判决的切实履行。一国法院针对涉外民事案件做出的判决常常需要得到外国法院的承认和协助执行。而一国法院在决定是否承认并协助执行外国法院做出的判决时,一个最为重要的考虑因素是外国法院法律选择方法的合理性以及案件处理的公正性。因此,如果法院把有利于判决在国外的承认和执行作为准据法选择的重要依据的话,就会在判决的承认和执行上省了很多麻烦。另外,如果有些判决需要得到外国的承认和执行,说明这个案件和该外国有较密切的联系或者说与该国有利益关系。因此,这种准据法选择方法与最密切联系、利益分析等准据法选择方法互相呼应。

二、准据法选择方法的变革与融合

准据法选择方法是国际私法的核心问题,自从国际私法产生以来,不同时代、不同国家的国际私法学者对这一问题进行了不懈的探索。上文所提到的各种准据法选择方法,都是在处理涉外民事案件时可供利用的方法。实践证明,没有哪一种准据法选择方法是完美无缺的,必须运用多种不同的准据法选择方法,才有可能达到法律选择的最佳效果。

国际私法上的每一次法律选择方法的变革基本上都围绕着形式正义与实质正义、自由裁量与权力规制等主题展开。从准据法选择方法的历史发展来看,其变革是一个不断试错的过程,如美国的冲突法革命主要针对的传统选择方法的机械与僵硬,指责传统的方法难以实现实质正义,对法官选择法律的规制过于严格,使得法官只是在进行管辖权选择,而无视准据法的具体内容,但是,他们所提出的准据法选择方法又有些过犹不及,如"政府利益分析说"和卡弗斯的"结果选择说",都存在着为了追求实质正义而忽视形式正义及为了避免对法官选择法律进行严格限制而赋予了法官以极大的自由裁量权,结果难以达到法律选择的理想效果。理论界和实务界似乎已经看到了过于灵活的法律选择方法所带来的问题,于是在 20 世纪末,美国冲突法理论及实务界展开了一场关于第三次冲突法重述的大讨论,它似乎预示着一场新的冲突法变革的开始。正如有学者一针见血地指出,第三次重述的成功与否,关键在于能否在冲突法的灵活性和稳定性之间实现平衡。

第七节　准据法的落空及其解决方法

一、准据法落空的含义

一国法院在处理涉外案件时,通过冲突规范的指引来确定准据法,如果没有排除适用外国法的事由(即没有法律规避、违反法院地国公共秩序保留等情况),则接下来就需要查明准据法,即特定国家的实体法。但是,如果该外国法没有相关规定的话,则适用外国法的目标就无法实现,一般把这种情况称为"准据法的落空"。产生准据法落空的原因是多方面的:一是各国对法律制度的边界有着不同的认识,即甲国认为有必要针对某种行为和社会关系进行立法,但乙国可能认为此种社会关系无须法律来调整,只需要道德、习俗等非正式制度规范即可。在这种情况下,甲国法院在准据法确定之前并不知晓乙国的立法情况,因而会发生准据法落空的情况。二是任何国家的立法都不同程度地存在滞后性,当一国的经济社会情况发生变化的时候,该国的法律制度将不可避免地发生变化。但是,不同国家的发展状况不同,相关立法对现实的回应速度也就有所区别,同样会出现有些国家暂时性地缺乏相关立法而导致准据法落空的问题,最典型的莫过于不少国家针对互联网领域的问题,在立法上有所缺失。

二、准据法落空的解决方法

涉外民事纠纷的顺利解决关系到国际民事交往能否健康发展,也直接关系到了当事人权益的切实维护。如果一国法院在处理涉外纠纷的时候,遇到了准据法落空的问题,该如何处理呢? 一般来说,有以下几种解决办法:一是依据相关国际惯例。国际惯例是处理涉外案件的重要依据之一,因其形成于长期的国际民商事交往实践,往往较为公正,不会偏私于特定国家和个体的利益。二是努力促成双方当事人和解。和解本身就是涉外民商事纠纷解决的重要途径,有不少涉外纠纷的当事人因和解具有灵活适用和成本较小等优势而把它作为优先选择的纠纷解决方式。在当事人无法达成和解且选择诉讼来解决纠纷的情况下,如果遇到准据法落空的问题,则法院可以以此为由,努力促成当事人和解。三是依据法院地法来解决。众所周知,法院在处理涉外案件时,从考虑自身利益的角度有尽可能适用本国法的动机,当准据法落空的时候,法院适用本国法来处理涉外纠纷,其正当性一般不会受到非议,因此而受到多数国家的普遍推崇。如我国的《法律适用法》第十条第二款规定:"不能查明外国法律或者该国法律没有规定的,适用中华人民共和国法律。"四是驳回当事人的诉讼请求或抗辩。这种做法主要是一些英美法系国家,他们把外国法当作事实,如果无法查到外国法,就像对待没有证据证明的事实一样,驳回当事人的请求或抗辩。五是适用一般的法理或者一般的法律原则。比如根据公平正义、公序良俗、诚实信用等一般的法律原则来进行裁判。六是适用最密切联系原则来确定准据法。最近几十年以来,最密切联系原则得以广泛适用,部分国家把它作为该国法律适用法中的一个兜底条款,因此,当出现准据法落空的时候,法院常常会根据最密切联系原则来确定。

第三章
拓展阅读

第四章　国际私法的一般制度

知识脉络图

识别制度 {
识别及其意义
识别的对象
识别冲突及其成因
识别的依据
}

先决问题 {
先决问题的概念
先决问题的构成要件
先决问题准据法的选择
}

反致制度 {
反致的含义与类别
反致的理论分歧与实践取向
}

法律规避 {
法律规避的概念与构成要件
法律规避的对象与效力
}

公共秩序保留 {
公共秩序保留的概念
公共秩序保留的历史发展
公共秩序保留制度的演变趋势
公共秩序保留与法律规避之比较
}

外国法内容的查明 {
外国法内容的查明的含义
外国法内容的查明的定性
外国法内容的查明的方法
外国法内容无法查明时的法律适用
}

外国法的错误适用 {
外国法的错误适用及其类型
外国法的错误适用的救济方法
}

　　一国法院在处理涉外案件时,如果采用间接调整的方法来解决纠纷的话,就会通过冲突规范来确定准据法,在这个法律选择的过程中,会遇到很多问题,学者们就这些问题所展开的理论思考,便会形成一些理论学说,在此基础上将逐步产生相应的制度设计并在有关国家的立法中有所体现。自从国际私产生以来,通过冲突规范选择法律逐步确立了七大基本制度,即识别、先决、反致、法律规避、公共秩序保留、外国法内容的查明及错误外国法适用的救济,以下分而述之。

第一节 如何选择冲突规范——识别制度

一、识别及其意义

识别是人类思维活动的一个普遍现象。人们根据一定的观念对有关事物进行分类或者定性,有助于形成对事物正确的认识。识别在司法活动中更是必不可少的过程,法官处理案件在"以事实为依据,以法律为准绳"原则的指引下,无论是对事实构成的判断,还是法律适用的选择,均需要对事实与法律及其相互关系进行辨识和判别。因此,从这个意义上讲,识别不仅在涉外案件处理中会遇到,在纯国内案件处理中也存在。正如英国学者格雷夫森认为,即使在处理纯国内案件时,法官也首先需要找出发生的事实与有关的法律规则之间的本质联系,从而确定它是不是一个法律问题,是一个什么性质的法律问题,适用哪一类法律规范。一国法院在纯国内案件的处理中对有关问题的识别依据是本国法律,而在涉外案件的处理中,则会遇到依据不同国家的法律规定可能做出不同识别的问题,即识别冲突问题。

国际私法中识别的重要意义在于确定援引哪一条冲突规范。当一国法院确定某个民商事案件具有涉外因素并确定行使管辖权时,如果不存在依据国际条约、国际惯例及直接适用本国法的情形时,就需要通过本国的冲突规范来寻找准据法。一国的冲突规范有很多条,分别指引不同领域的法律适用问题。那么,法官凭什么来选择其中的某一条呢?此时,法官需要根据某国的法律规定来确定所要解决的问题是一个什么性质的问题,进而才能确定所要援引的冲突规范。基于此,学界普遍从这个角度来界定识别这一概念,如李双元认为国际私法中的识别是指依据一定的法律观点或法律观念,对有关事实构成的性质做出"定性"或"分类",把它归入特定的法律范畴,从而确定应适用哪一冲突规则的法律认识过程。以我国为例,如果法院把所要解决的问题定性为侵权问题,就会援引《法律适用法》中关于侵权法律适用的冲突规则;如果定性为违约问题,则援引的是关于合同法律适用的冲突规则。在这里,无论是对侵权的认定,还是违约的判断,均须有法律依据。法律依据不同,对有关事实的认定就会有差异,援引的冲突规范也就不同,以至于影响准据法的选择和当事人的权益。冲突法中的识别表面上看起来是为了确定所应该援引的冲突规范,实质上则关乎的是案件的处理结果。因此,识别在国际私法中具有重要的意义。

二、识别的对象

韩德培认为识别作为一个认识过程,包含两个方面:一是对涉外民事案件所涉及的事实或问题进行分类或定性,纳入特定的法律范畴;二是对冲突规范本身进行识别,即对冲突规范在"范围"上所使用的名词术语进行解释。李双元认为,识别是援引冲突规范的前提,冲突规范的范围是识别的对象,不包括对连结点的解释。也有学者认为,识别既包括对冲突规范范围中的有关法律概念和法律术语进行解释,也包括对连结点中的有关法律概念和法律术语进行解释。刘想树认为只有明确了有关法律关系或法律问题属于哪一冲突规范调整的"范围",才能适用该条冲突规范进行法律选择。此外,由于冲突规范的"系属"通常是一些比较抽象的法律适用原则,因此,在运用冲突规范援引准据法的过程中,只有通过对"系属"的识别,才能准确地确定应当适用的准据法。由于"系属"的核心是连结点,因此,对"系属"的识别实际上也是对连结点的识别。

三、识别冲突及其成因

识别冲突是指由于法院地法和有关外国法对冲突规范的范围或连接因素中的同一概念赋予不同内涵,或对同一法律事实做出不同的分类,采用不同国家的法律观念识别导致适用不同的冲突规范和不同准据法的现象。一般认为,识别冲突产生的原因有以下几项:其一,不同国家对同一事实赋予不同的法律性质,因而可能援引不同的冲突规范。如甲国可能会把某一事实认定为侵权问题,而乙国却可能把它认定为违约问题,而关于侵权和违约的冲突规则是有所区别的,在这种情况下,识别直接决定着所援引的冲突规则,进而确定了不同的准据法。其二,不同国家往往将具有相同内容的法律问题分配到不同的法律部门中去,最常见的就是各国对于实体法和程序法的划分有所差异,同一个问题,依据甲国的法律规定,将某一法律问题归结为实体法问题,而依据乙国的法律规定,将此问题归结为程序法问题,针对实体法问题,才会考虑在本国法和外国法之间进行选择,而对于程序法问题,则一般适用法院地法,几乎不存在法律选择的问题。其三,不同国家对同一问题规定的冲突规范具有不同的含义。如英美法系国家和大陆法系国家对"属人法"就有不同的解释,在英美法系国家,属人法指的是住所法,而在大陆法系则指的是国籍所属国法,类似地,不同国家对"住所""经常居所地"等概念的界定也是有所差异的,这就会导致表面上看起来所援引的冲突规范是相同的,但实质上却会导致不同的法律适用的结果。其四,不同国家有一些独特的法律概念。有些概念在甲国是一个明确的法律概念,但是在乙国的法律规定中不存在,相应地,就会出现在甲国可以援引的冲突规范,在乙国是不存在的。

四、识别的依据

识别冲突如何解决? 自 19 世纪末提出这一问题以来,学界一直在探索解决识别冲突的方法,主要有法院地法说、准据法说及分析与比较法说、个案识别说、功能识别说等多种方法,其中,最主要的也是被多数国家的司法实践所采用的方法是法院地法说。以下主要对前三种方法进行评介。

(一)法院地法说

法院地法学说主张以法院地国家的法律作为识别的标准。此说由康恩和巴丁首倡,并为多数国际私法学者所支持。他们的理由主要是:①法院在处理涉外民事案件时所适用的是法院地国的冲突规范,其使用的名词、术语的含义都是法院地法赋予的,因而应该依法院地法进行识别;并且也只有依法院地法进行识别,才能使冲突规范中的名词、术语的含义与法院地国的实体法和程序法规范中的同一名词、术语的含义保持一致。②依法院地法进行识别是一种简便易行的方法。因为法官最熟悉自己国家的法律,诉讼当事人为了便于诉讼通常也会了解有关法院地法的内容,所以依法院地法进行识别,较之于依照其他国家的法律进行识别,可以省去外国法查明的程序。③识别是适用冲突规范的前提条件,在未识别冲突规范前,法院地法之外的法律不可能得以适用,因此除法院地法以外,不可能有其他的法律作为识别的依据。法院地法说影响最大,各国在司法实践中多半采取这种方法,如我国的《法律适用法》第八条规定:"涉外民事关系的定性,适用法院地法律。"

(二)准据法说

准据法说认为解决涉外民事争议问题的准据法,同时也就是对该涉外民事争议进行识别的依据。因为,既然涉外民事法律关系的一切问题都由准据法来支配,那么对有关问题的识别也应当依据准据法来进行。该学说旨在寻找合适的解决识别冲突的办法,或许依照准据法说来对有关问题进行识别,有可能使得案件得到公正的裁判。但是,这种方法最大的问题是逻辑混乱。因为识别的目的在于正确适用冲突规范以援引准据法,也就是说识别在前,准据法确定在后,怎么可能依据准据法对有关问题进行识别呢?

(三)分析与比较法说

分析与比较法说主张按照分析法学的原则和比较法的方法对各国法律进行研究,找出各国法律共有的认识、概念、原则,然后依据这些共同的认识、概念、原则进行识别。该学说所依据的理由是:既然涉外民事法律关系与多国存在联系,因此在进行识别时,对有关问题的定性、归类和解释,就必须与各国法律的共同认识、概念、原则相一致。这种识别方法的出发点是好的,也有可能对案件的公正处理起到很好的作用,但是最大的问题在于缺乏效率且赋予了法官极大的自由裁量权。试想一下,要寻找各国对有关问题的共同认识在很多领域几乎是不可能的,在对有关问题的归类和解释,不同的法官可能有不同的认识,如果任由法官来分析和比较,则可能难以规制法官行使司法权。

第二节　附带问题冲突规范的适用——先决问题

一、先决问题的概念

通说认为,国际私法中的先决问题,又称为附带问题,是指一国法院在处理某一项国际私法争讼时,如果必须以解决另外一个问题为先决条件,便可把该争讼问题称为本问题或主要问题,而把需要首先解决的另外一个问题称为先决问题或附带问题。这是从较为狭义的角度来界定先决问题的。也有学者对上述界定提出了不同的看法,他们认为先决问题原本是一个非常宽泛的概念,既包括我国通说中认为的先决问题,也包括主要问题为国内诉讼时出现的先决问题,还包括纯国内诉讼中的先决问题。当先决问题具有涉外因素时,可能涉及冲突规范之间的冲突,这是先决问题中最难解决的一类,故称之为先决问题中的特殊问题。他们强调对先决问题、国际私法中的先决问题、先决问题中的特殊问题三者进行区分是很有必要的。

二、先决问题的构成要件

关于先决问题的构成要件，有"三要件说"和"二要件说"之别。较为主流的看法是，构成国际私法上的先决问题必须具备以下三个条件：第一，主要问题依法院地国的冲突规范必须以外国法作为准据法。第二，需要先行解决的问题具有相对独立性，可以作为一个单独的争议向法院提起诉讼，并且有自己的冲突规范可供援用。第三，在确定先决问题的准据法时，法院地国的冲突规范和实体规范与主要问题准据法所属国的冲突规范和实体规范均不相同，从而会导致不同的判决结果。"三要件说"中的另一种看法是：第一，先决问题是一个独立的涉外民事关系，具有独立的诉因，当事人可以就先决问题独立地向法院提出诉讼。第二，先决问题具有独立适用的冲突规范，具有独立适用的准据法，法院可以独立地就先决问题中当事人的权利义务做出判决。第三，先决问题的解决对于主要问题的解决具有制约作用。还有的认为构成先决问题只需要两个条件：一是需要先行解决的问题具有相对独立性，可以作为一个单独的争议向法院提起诉讼，并且有自己的冲突规范可供援用。二是在确定先决问题的准据法时，法院地国的冲突规范和实体规范与主要问题准据法所属国的冲突规范和实体规范均不相同。也就是说，主要问题依法院地国的冲突规范必须以外国法作为准据法不应该成为先决问题的必备要件。"二要件说"中的另一种看法是：第一，先决问题是一个相对独立于主要问题的问题，当事人可以就先决问题独立地向法院提出诉讼，法院可以独立地就先决问题中当事人的权利义务做出判决。第二，先决问题的解决对于主要问题的解决具有制约作用。上述关于先决问题构成要件的争论，其核心在于没有对先决问题做类型化处理，先决问题可以有不同的种类，如果非要把其中一种当作先决问题的全部，那就会对先决问题的构成要件及其准据法的选择产生争议。正如房子一样，不同的房子有不同的结构和要件，如果是单元房，一般不可或缺的构成要件是有独立的卫生间和厨房；如果是十分简易的筒子楼，则可能只是一个单间，并没有独立的卫生间和厨房。在此，我们不能说筒子楼里的单间就不是房子。也就是说，不同的房子其结构是不同的，我们不能一概而论。

三、先决问题准据法的选择

关于先决问题的准据法，传统的解决方法主要有两种：第一种方法是依主要问题准据法所属国的冲突规则来确定先决问题的准据法;第二种方法是依法院地国的冲突规则来确定先决问题的准据法。客观来说,无论采取哪一种方法,均难以在理论和实践上占据主导地位,原因在先决问题是复杂而多样的。近年来,我国的一些学者提出了新的主张,认为对先决问题的解决在思路上应当跳出直接确立准据法的既有框架,而是着眼于实践,先确立管辖权,继而确定准据法。在确定管辖权的时候,需要根据司法实践中的客观情况来决定相应的处理方法。对于已经过审理的先决问题,如果是外国法院审理,则应当出于司法主权的原因对判决进行承认与执行;如果经本国法院审理,则可直接作为证据加以适用。如果外国判决能够得到本国法院承认和执行,则直接依据其进行处理;如果不能,则可以要求当事人向内国有关法院再行起诉。对于尚未经过审理的先决问题,如果不是由本国法院直接审理,则可以告知当事人向有管辖权的法院提起诉讼,这一法院可能是外国法院也可能是本国法院。如果是外国法院则获得判决后再进行判决的承认与执行;如果是本国法院,则可以直接依法院地国冲突规范确定先决问题的准据法。

当人们对先决问题的概念、构成及其法律适用争论不休的时候,也有研究者认为,先决问题在理论与实践中无可避免地将面临种种悖谬,从相对性、独立性和不告不理三方面对先决问题的存在价值与立论基础进行了反思,并且认为对于冲突法中所产生“附带问题”完全可以通过既有的公共秩序保留、不方便法院理论、拒绝承认与执行外国法院判决等途径解决,进而否认先决问题存在的价值。总体而言,对于先决问题,首先应该从范围的大小上来区分不同性质的先决问题,针对不同类型的先决问题,提出不同的解决办法。对于冲突法中特殊的先决问题,应该秉持具体问题具体分析的态度,综合考虑各方面因素来确定先决问题的准据法。对于这一点,对先决问题颇有研究的莫里斯曾经指出“先决问题不可能用一个机械的办法解决,每个案件可以根据它所涉的特定因素来处理。”[①]我国也有学者认为对先决问题应当根据个案情况,综合考虑相关因素,包括法院地的公共政策、判决的一致、外国法律的公共政策、防止挑选法院、国际协调、反致、公平等,才能做出判断。2013 年 1月 7 日开始实施的《最高人民法院关于适用〈法律适用法〉若干问题的解释(一)》就先决问题的准据法确定做了明确规定,其中第十二条规定:“涉外民事争议的解决须以另一涉外民事关系的确认为前提时,人民法院应当根据该先决

---

① 莫里斯. 戴西和莫里斯论冲突法 [M]. 李双元,等译. 北京:中国大百科全书出版社,1998:67.

问题自身的性质确定其应当适用的法律。"

第三节　适用外国法的范围——反致制度

一、反致的含义与类别

"反致"问题是国际私法中的一个独特问题,它产生于通过冲突规范确定准据法的过程中。反致也是冲突规范本身之冲突的一种表现形式。反致有广义和狭义之分。广义的"反致"包括直接反致、转致和间接反致等。狭义的反致也称之为"直接反致"。"直接反致"是指对某一涉外民事案件,法院按照本国冲突规范的指引应适用外国法时,而该外国法中的冲突规范却指定应适用法院地法,如果法院最后适用自己本国的实体法处理该涉外民事案件,即构成直接反致(简称反致)。"转致"是指对于某一涉外民事案件,甲国法院按照本国冲突规范的指引应适用乙国的法律,而乙国的冲突规范却指定应该适用丙国的法律,如果甲国法院最终适用丙国的实体法判决该案,即构成转致。"间接反致"是指对于某一涉外民事案件,甲国法院按照本国冲突规范的指引应适用乙国法,而乙国法中的冲突规范却指定应适用丙国法,可丙国法中的冲突规范又指定应适用甲国法。如果甲国法院最后适用本国实体法作为准据法判决该案,即构成间接反致。

反致制度并不是在冲突法产生之初就出现了,而是在冲突法产生之后的几百年才被提出来的。普遍认为,反致制度正式确立于法国法院于 1878 年审理的福果案。反致问题的产生与一国对适用外国法范围的认识密切相关。一国法院处理涉外案件,首先依据本国的冲突规范指引确定准据法,如果被指引的准据法为外国法时,到底考虑不考虑该国的冲突规范。一国的法律规范大抵可以分为实体法规范、程序法规范和冲突规范。基于司法主权的考虑,程序法适用法院地法是各国的普遍做法。实体法规范正是法院寻找的据以解决纠纷的法律。那么,冲突规范指向的该外国法到底包不包括该国的相关冲突规范? 如果考虑外国的冲突规范的规定,当法院地国的冲突规范与被指定国的冲突规范不一致的时候,就可能出现反致问题。反之,如果不考虑被指定国的冲突规范的规定,则不会出现反致问题。因此,反致问题的本质是确定适用外国法的范围问题。正如有学者指出,反致问题的产生与否完全取决于各国国际私法的政策取向,如果立法者坚持冲突规范的"实质指定",即冲突规范指定的外国法为该外国的实体法,不包括该外国的冲突法,那么,就没有反致可言。反之,如果立法者选择冲突规范的"全部指定",即冲突规范指定的外国法既包括该外国的实体法,也包括该外国的冲突法,那么,反致问题就有可能产生。如果立法者主张在某些领域"全部指定",在某些领域"实质指定",那么,就会出现在某些领域产生反致问题,在另外一些领域不产生反致问题。

二、反致的理论分歧与实践取向

(一)反致的理论分歧

关于反致问题,理论上历来争议很大,赞成反致与反对反致的理由均有各自的合理性且针锋相对。赞成反致的理由主要是认为采用反致有利于实现判决的一致性,也有利于扩大本国法的适用,增强法律适用的灵活性和判决的执行力。反对者则认为反致不仅有损害国家主权、否定本国法妥当性之嫌,而且会破坏法律体系的完整性,增加法律选择的成本。我们试举一例来具体说明是否采取反致对案件的处理过程及结果所产生的不同影响。假设一个中国公民王某在日本工作,其间不幸发生车祸死亡,王某在日本已经工作数年,死后留下数目可观的动产遗产。王某的妻子和王某的父母因为遗产分割发生纠纷,无法协商解决,于是王某的父母在日本的法院提起诉讼。日本法院受理了此案。日本法院确定该案为涉外法定继承案件,根据日本的相关冲突规范的规定:"继承,依被继承人本国法。"根据这条冲突规范的规定,日本法院应该依照中国继承法的规定来处理案件,而依照中国关于法定继承的规定,王某的父母和妻子将平分王某的遗产。但是,日本是接受反致的国家,日本的冲突法规定,"应依此当事人本国法,而按该国法律应依日本法时,则依日本的法律。"依照这一条规定,日本法院需要查明中国关于动产遗产法定继承的冲突规范是如何规定的,依照中国的冲突规范的规定,动产遗产的法定继承适用被继承人死亡时经常居所地法。此时,日本法院就会采用反致,最终适用日本的继承法来处理此案。如果日本拒绝接受反致,则适用的是中国的继承法来处理案件。反过来,如果王某的父母在中国法院提起诉讼,法院应该将其确认为涉外法定继承案件,根据我国《法律适用法》第三十一条的规定:"法定继承,适用被继承人死亡时经常居所地法律,但不动产法定继承,适用不动产所在地法律。"因而可知此案应该适用日本的法律。根据我国《法律适用法》第九条的规定："涉外民事关系适用的外国法律,不包括该国的法律适用法。"由此可见,我国明确反对反致。此案的处理将依据日本继承法的规定来处理。假设中国也采用反致的话,则最终依据的实体法是中国的继承法。我们可以将上述情况总结如下:

表1

管辖法院	对反致的态度	准据法
中 国	赞 成	中国法
中 国	反 对	日本法
日 本	赞 成	日本法
日 本	反 对	中国法

依据中国的继承法,王某的妻子和父母将平均分配王某的遗产。假设日本的继承法规定的遗产分割办法是首先将遗产的一半分割给配偶,剩余的一半再在配偶、父母、子女之间平均分配。很显然,依据日本继承法和依据中国继承法处理案件,对当事人的实体权益有很大的影响。结合上述案件仔细分析会发现,赞成反致的那些理由很难站得住脚。如果两个国家均采用反致,则难以实现判决的一致性,只有一国采用反致而另一国不采用反致的时候,才能实现判决的一致性。同样,如果两个国家均采用反致的话,增强判决的执行力也就无从谈起。至于增强法律适用的灵活性,如果一国的冲突法明确规定采用反致,则法官处理案件同样需要依照法律规定来适用法律,何来的灵活适用呢? 上述案件中,日本的国际私法明确规定采用反致,则法院只能最终适用日本法来处理,根本谈不上在日本法和中国法之间自由选择的问题。因此,采用反致有利于增强法律选择的灵活性是难以成立的。可以说,采用反致的优势是赞成者们的一种虚幻的臆想,采用反致而带来的问题却是实实在在的。采用反致不但增加了额外的司法成本,法官需要查找外国的冲突规范的内容,而且否定了本国冲突规范的效力。

(二) 反致的实践取向

反致在理论上的争议反映出各国对待反致的不同态度,实践中,有部分国家明确采用反致,如德国、日本等国。最先被认为在立法上广泛接受反致的是1896年《德国民法施行法》,该法第二十七条规定:"关于人之行为能力、婚姻之缔结、夫妻财产制、离婚和继承,如依外国法认定适用德国法时,则依德国法。"在此之后,反致被许多国家的立法所采纳。《日本法例》第三十二条规定:"应

依当事人本国法时,如按照该国的法律应依日本法时,则依日本法律。"但是,
也有一部分国家拒绝采用反致,如希腊、巴西、印度等国。有关国际公约在对待
反致的问题上也态度迥异。例如,1955 年《解决本国法和住所地法冲突的公
约》对反致则明确予以肯定,该公约第一条规定:"如果当事人的住所地国规定
适用当事人本国法,而其本国规定适用住所地法时,凡缔约国均应适用住所地
国的国内法规定。"但是,1985 年《国际货物销售合同法律适用公约》就旗帜鲜
明地反对反致,该公约第十五条指出:"本公约中,'法律'一词系指在一国现行
有效的法律,不包括其国际私法规则。"

第四节   外国法的排除适用——法律规避

一、法律规避的概念与构成要件

(一)法律规避的概念

关于法律规避的概念,我国学界有不同的界定。张仲伯认为,"法律规避
又称法律欺诈或窃法作弊,是指涉外民事关系的当事人为了实现利己的动机,
故意制造一种新的或虚假连结点的某一具体事实,以避开原来适用的冲突规范
所援引的法律,而适用了对其有利的另一种法律的行为。"张潇剑认为,"法律
规避是指涉外民商事法律关系的当事人利用某一冲突规范,故意改变构成冲突
规范连结点的事实因素,以避开本应适用的强制性法律规范,从而使另一种对
其有利的法律得以适用的行为。"①肖永平则认为,"国际私法中的法律规避,又
称欺诈设立连结点,是指国际民商事关系的当事人为利用某一冲突规范,故意
制造某种连结点的构成要素,以避开本应适用的强制性或禁止性法律规则,从
而使对自己有利的法律得以适用的一种脱法或逃法行为。"②

(二)法律规避的构成要件

大部分国家均否认法律规避的效力且在立法中予以明确规定,但均没有对
法律规避的构成要件进行详细规定。因此,关于法律规避的构成要件主要是理

---

① 张潇剑.国际私法学[M].北京:北京大学出版社,2000:200.
② 肖永平.法理学视野下的冲突法[M].北京:高等教育出版社,2008:154.

论上的看法。一般认为,国际私法上的法律规避有四个构成要件:①当事人在主观上存在法律规避的故意;②从规避的对象来看,当事人规避了本应适用的法律;③从行为方式上讲,当事人是通过人为地制造或改变一个或几个连结点因素来实现法律规避的目的;④从客观结果上讲当事人的规避行为已经完成且往往对相关当事人造成了不利的影响。例如,按照甲国的法律规定,同性不得结婚。但按照乙国的法律规定,不禁止同性婚姻。甲国的两个同性公民到了乙国,按照乙国的法律结婚后,然后再回到甲国。假设甲国关于结婚的冲突法规定是"结婚适用婚姻缔结地法律。"那么,甲国的冲突规则指引的准据法是乙国法,按照乙国法来认定二人婚姻效力的话,则婚姻是有效的。这种情况下,甲国法院往往会认为二人有规避本国法律的行为,进而拒绝依据乙国法律来认定二人的婚姻效力。

二、法律规避的对象与效力

(一)法律规避的对象

对于法律规避的对象,有些学者认为,法律规避行为只是规避实体法,如田曼莉认为当事人进行法律规避的真正目的是逃避对其不利的、本应适用的准据法,而使对其有利的法律得以适用。冲突法不是法律规避的目的所在,只不过是被利用来规避准据法的手段。因此,法律规避的对象不应包括冲突法,而是仅指实体法。而另一些学者则认为,法律规避行为既应包括规避实体法也应包括规避冲突法,理由是通过法律规避行为规避本应适用的实体法,实际上就是规避指定本应适用的实体法的冲突规范的适用。实际上法律规避的最终目的在于规避某一国家的实体法,因为只有实体法才能调整当事人的权利义务。但是,一国的冲突法也是一国法律体系的重要组成部分,如果规避了一国的冲突法,也应该属于法律规避的情形。因此,法律规避的对象应该既包括实体法,也包括冲突法。

(二)法律规避的效力

对于法律规避行为是否有效的问题,各国在立法、理论和实践中存在着较大的差别。理论上,大陆法系国家的学者根据"欺诈使一切归于无效"的原则偏向于否认法律规避的效力,如巴迪福认为,规避法律的行为损害了冲突规范及其指定的准据法的威信,本质上是一种欺诈行为,只要不存在其他相反的解释,就不应当承认其法律效力。英美法系国家的一些学者则认为,既然冲突规范给予当事人选择法律的可能,则当事人为了达到自己的某种目的而选择某一国家的法律时,就不应归咎于当事人;如果要防止冲突规范被人利用,就应该由立法者在冲突规范中有所规定。关于各国的立法及司法实践,一部分国家认为无论是规避本国法还是外国法均是无效的;一部分国家则认为规避本国法无效,规避外国法有效;还有一部分国家认为,要根据具体情况来认定法律规避的效力,如果规避的是本国的强制性、禁止性规定,则应认定为无效;如果规避的不是强制性、禁止性规定,则可以认定是有效的。

　　法律规避虽然是当事人故意设置连结点造成的,也很有可能违反了国家尤其是本国的强制性、禁止性规定,也很有可能会损害国家或他人的权益,但并不是所有的法律规避行为都会造成上述不利后果。况且,有些时候当事人规避法律是一种无奈之举,很有可能当事人试图规避的法律本身是很不合理的。也就是说,法律规避的存在及其带来的不利后果不能把所有责任全部归结在当事人身上。因此,要根据法律规避的具体情况来认定其效力。具体来说,如果规避的是强制性、禁止性规定且对国家或他人的权益造成不利后果的话,则应认定法律规避无效,除此之外,应该承认法律规避的效力。基于此,我国对法律规避的效力认定是较为合理的。我国的《法律适用法》第十一条规定:"一方当事人故意制造涉外民事关系的连结点,规避中华人民共和国法律、行政法规的强制性规定的,人民法院应认定为不发生适用外国法律的效力。"

第五节　外国法的排除适用——公共秩序保留

一、公共秩序保留的概念

　　不同学者对公共秩序保留概念的界定略有差异。有学者认为国际私法上公共秩序,主要是指法院在依自己的冲突规范本应用某一外国实体法作涉外民事关系的准据法时,因其适用与法院地国的重大利益、基本政策、道德的基本观念或法律的基本原则相抵触而可以排除其适用的一种保留制度。另有学者认为,公共秩序保留制度是指一国法院依其冲突规范应该适用外国法时,或者依法应该承认与执行外国法院判决或仲裁裁决时,或者依法应该提供司法协助时,因这种适用、承认与执行或者提供司法协助会与法院地国的重大利益、基本政策、法律的基本原则或道德的基本观念相抵触而有权排除和拒绝的制度。应该说,后一界定更为准确,它完整地指出了公共秩序保留的情形,弥补了前一界定中的"非主要"部分。也就说,公共秩序保留制度不仅在法院依其冲突规范适用外国法时,而且在承认与协助执行外国法院判决或仲裁裁决时也会遇到公共秩序保留问题。

二、公共秩序保留的历史发展

关于公共秩序保留的理论探讨几乎和国际私法学说的历史一样悠久。巴托鲁斯在提出"法则区别说"时,就注意到了这个问题,且专门指出如果所适用的外城邦的法则是"令人厌恶的法则",则此法则可以被排除适用,这被认为是公共秩序保留制度的萌芽。此后,胡伯在其"国际礼让说"中阐述了公共秩序保留的思想,他指出如果一国法院可以根据"礼让"的原则承认他国法律在本国的效力,但这种礼让不得有损于内国主权及臣民利益。19 世纪,萨维尼也对公共秩序保留制度提出了自己的看法,他认为根据法律关系的本座适用外国法是一项基本原则,而排除适用违背本国公共秩序的外国法则是例外。而与之同时代的意大利国际私法学者孟西尼则把公共秩序制度提到了国际私法基本原则的高度。自此之后,有关公共秩序保留有了"例外说"和"原则说"的分野。

世界各国对公共秩序保留制度存在的合理性和必要性的认识基本一致,自1804 年《法国民法典》首次在立法中规定公共秩序保留制度以来,公共秩序保留制度现已被各国的立法、司法实践以及相关国际条约所肯定。但是,各国对公共秩序的称谓和具体内容却有不同的认识,英美法系称之为"公共政策",大陆法系的法国称之为"公共秩序",德国称之为"保留条款"或"基本原则",在日本则称之为"公共秩序"或"善良风俗"。在我国,则称之为"公共利益"。

三、公共秩序保留制度的演变趋势

公共秩序保留制度几乎得到了世界各国的普遍认可,但是在适用的范围及其限制上各国所持的态度有所差异。公共秩序不但在地域上具有差异性,而且在时间上也具有可变性。每个国家都可以根据本国的国情规定公共秩序制度,因此每一个国家制定的公共秩序制度是各不相同的;另一方面,每一个国家的基本国情并不是长期不变的,在不同时期,一个国家的政治、经济制度、社会风俗习惯等可能会有所不同,因此即使是同一个国家对公共秩序的态度在不同历史时期也不可能是墨守成规,肯定会随着国际国内大环境的变化而变化。

在国际经济交往逐步扩大和日趋复杂的情况下,各国对公共秩序保留的具体适用上开始呈现限制的趋势。各国都认识到了彼此间互利交往的重要性,加之世界各国间的文化交流也日益频繁,各国对公共秩序的认知也逐步趋同,一般情况下,各国均很少运用公共秩序保留来限制外国法的适用。正如有学者指出,"国际社会是一个以互利和公益为基础的社会。任何一个国家过分利己的行为都会受到来自国际社会的压力。而且一个国家即使仅为本国利益着想,也不愿将此种行为放纵至为所欲为的地步。现在,对公共秩序保留的运用加以限制已成为国际社会较为普遍的要求。"①美国联邦法院的法官卡多佐也曾在一个案件中提出,我们不能如此心胸狭隘地认为别人对同一个问题的处理方法因与我们自己的不同而认为他们不对……法官不得以自己的喜恶,顺着法官心中关于对公正的概念而随意拒绝执行一个外国权利,除非执行该外国权利会产生违背正义的基本原则、道德的良好准则以及根深蒂固的普通法传统,才可以援引公共政策。

公共秩序保留是一个弹性很大的概念,因此,要明确公共秩序的适用范围以及在具体案件中的适用方法。公共秩序保留在适用范围上有扩张发展的趋势,在管辖权、司法协助、外国法院的判决和外国仲裁机构裁决的承认与执行等诸多方面均予以适用。但是在公共秩序保留具体适用上却呈现严格限制的趋势。我国的相关立法及司法解释也顺应这一趋势,对公共秩序保留的具体适用范围做了明确限定,实质上是对公共秩序保留适用的严格限制。2013 年 1 月 7 日开始施行的《最高人民法院关于适用〈法律适用法〉若干问题的解释(一)》第十条规定:"有下列情形之一、涉及中华人民共和国社会公共利益、当事人不能通过约定排除适用、无须通过冲突规范指引而直接适用于涉外民事关系的法律、行政法规的规定,人民法院应当认定为涉外民事关系法律适用法第四条规定的强制性规定:(一)涉及劳动者权益保护的;(二)涉及食品或公共卫生安全的;(三)涉及环境安全的;(四)涉及外汇管制等金融安全的;(五)涉及反垄断、反倾销的;(六)应当认定为强制性规定的其他情形。"

四、公共秩序保留与法律规避之比较

公共秩序保留与法律规避共同的地方在于它们都是排除适用外国法的制度,都会导致经本国冲突规范指引确定的准据法最终不被适用的结果。二者的

---

①   沈涓. 冲突法及其价值导向[M]. 北京:中国政法大学出版社,1993:130.

区别主要有以下几个方面:①起因不同。法律规避是当事人改变连结点的行为造成的,公共秩序保留是冲突规范所援引的外国法的内容与冲突规范所属国的公共秩序相抵触造成的。②保护对象不同。法律规避对本国法和外国法都保护,公共秩序保留只保护的是本国法。③行为的性质不同。法律规避是一种私人行为,适用公共秩序保留是一种国家机关行为。④后果不同。法律规避的当事人对自己的规避行为有可能要承担法律责任,在公共秩序保留中,当事人不需要承担任何责任。⑤地位和立法上的表现不同,公共秩序保留得到了世界各国的赞同,对于法律规避,只有少数国家的立法中有明文规定。

第六节　外国法内容的查明

一、外国法内容的查明的含义

外国法的查明,又称外国法的证明或外国法内容的确定,是指一国法院根据本国冲突规范指引应适用的实体法为外国法时,如何查明该外国法的存在和内容。一个国家承认外国法在本国境内的效力,意味着要在不同国家尤其是本国法和外国法之间进行选择,选择是一个较为烦琐的过程,要经过管辖权确定、涉外因素的认定、识别……诸多环节,当准据法确定为外国法且没有公共秩序保留、法律规避等排出适用外国法的情形时,接下来需要做的就是外国法的查明。任何一个国家的法官都难以熟悉所有国家的法律,因此,外国法内容的查明在涉外民商事案件处理过程中占有举足轻重的地位。只有查明了外国法的具体内容,法官才能以此为依据对案件做出判决。如果最终未能查明外国法的内容,则在此之前所做的工作可以说前功尽弃了。有学者在论述外国法查明的重要性时指出,"外国法的查明问题虽然具有程序性和附属性,但是在国际私法中,几乎没有比它更重要的了。……如果任何法律体系都不存在有效地适用外国法的方法,那么冲突法孜孜以求的理想就会破产。这意味着法院根本就不应审理涉及外国法的案件,或者法院在一般情况下应该适用法院地法,或者面对世界范围的多元法律体系,致力于实体私法规则才是唯一的可行之道。"①

二、外国法内容的查明的定性

外国法的内容由谁来查明? 又有哪些查明的方法? 对这些问题的回答与人们对外国法内容的查明的定性密切关联。关于外国法内容的查明的定性,在以下两个问题上,人们在理论和实践上是有不同认识的:一是外国法内容的查明本身的定性。有的学者认为外国法内容的查明本质上属于限制外国法适用的一项制度,最为常见的就是受理案件的法官依据本国的冲突规范所确定的准据法为外国法时,他往往从自身利益出发,以相关外国法的内容无法查明为由,转而适用本国法来处理案件。也有学者认为外国法内容的查明本质上不是为了限制适用外国法,而是便利适用外国法的一项制度。客观而言,外国法内容的查明本质上是为了便利适用外国法,只不过有可能在具体适用过程中会被法官用来限制适用外国法,即法官不积极履行查明外国法的职责,在当事人也难以提供外国法的具体内容时,法官就会转而适用本国法来裁决案件,从而使得本来应该得以适用的外国法却未被适用。二是对"外国法"的定性。主要有"事实说""法律说""折中说"三种学说。普通法系国家和部分拉丁美洲国家把外国法视为"事实",用确定事实的程序来确定外国法的内容,既然把外国法的内容当作了事实,那么就依据"谁主张、谁举证"的原则来进行,即把查明外国法的内容的责任赋予了当事人而不是法官。部分大陆法系国家大都把外国法视为"法律",遵循"法官应该知晓法律"的原则,把查明外国法内容的责任赋予了法官,由法官依职权来查明。"事实说"与"法律说"最主要的区别在于外国法内容的查明的责任承担,实践证明,单纯地把查明外国法内容的责任赋予了法官或者当事人一方,都难以实现快速准确地查明外国法内容的目标,因此,应该充分发挥双方的积极性。另有部分国家主张采取折中的做法,既不把外国法视为"事实",也不把外国法视为"法律",主张外国法内容的查明原则上应由法官负责调查,当事人也应负协助义务。一般认为应该把外国法定性为法律,我们不能为了实现某个特定的目的,就有意模糊事物本来的面目。但是,我们在具体实践中可以采取"折中说"所主张的做法。实际上,外国法内容的查明本来就是一件实践性很强、很具体的工作,查明主体的确定和查明方法的选择可以根据案件的具体情况、法官的知识素养以及当事人查明外国法的意愿和能

---

① 王克玉."外国法查明"中的定性与定量分析[J].广西政法管理干部学院学报,2006(5):107.

力等诸多方面来综合考虑。

三、外国法内容的查明的方法

各国对于外国法内容的查明的定性有别,查明的方法也就有所不同。综合起来,主要有以下几种查明的方法:

(1)由当事人提供。这种方法主要是英美法系的国家和部分拉丁美洲的国家采用,他们把外国法视为事实,由当事人来进行证明。当事人可以提供相关法律文件或者专家意见来证明外国法的内容。法院并没有义务来查明外国法的具体内容。例如在美国,外国法的内容被看作是一个事实问题,如果当事人根据外国法提出权利要求或申辩,则要求该当事人主张并证明该法。

(2)由法院依职权查明。这种方法主要是一些欧洲大陆国家采用。这些国家认为,冲突规范所指向的外国法在性质上属于法律,根据"法官应该熟谙法律"的原则,在确定适用外国法时,法官应该依职权来查明外国法的具体规定,当事人不负担查明外国法内容的责任。例如,荷兰《民事诉讼法》认为外国法不是事实而是法律,本国法院适用外国法是根据法律关系的"本座"决定的,法院依职权须自主获得所要适用外国法的必需知识。因此,对外国法的内容,法官依职权查明,无须当事人举证。

(3)由法院和当事人共同负担查明外国法内容的义务。这种方法被越来越多的国家所采用。主要原因是无论把外国法视为事实还是法律,均不能忽视它的特殊性。主张把外国法视为事实的一些英美法系国家看到了外国法不同于一般案件事实的一面,如英国学者莫里斯曾经指出:"虽然外国法是一个事实问题,但它是一个特殊类型的事实问题。"与此相类似,一些主张把外国法视为法律的国家也看到了外国法不同于国内法的地方,把外国法视为一种特殊的法律。加之在司法实践中,由某一方来承担查明外国法内容的责任,都有一定的困难。在这种情况下,如果把查明外国法内容的责任全部推给法官或者当事人一方,均不太合理,而且如果强制性地要求其中一方承担此责,他们很可能会消极对待。基于此,不少国家要求法官和当事人共同承担查明外国法内容的责任。如《瑞士联邦国际私法法规》规定,外国法的内容应由法官依职权查明,法官可以要求当事人予以合作,在财产事项方面,得令当事人负举证责任。我国在《法律适用法》中也明确了查明外国法的主体,第十条规定"涉外民事关系适用的外国法律,由人民法院、仲裁机构或者行政机关查明。当事人选择适用外国法律的,应当提供该国法律。"

四、外国法内容无法查明时的法律适用

如果应适用的外国法无法查明时,不同国家有不同的法律规定和司法实践,概括起来,有以下几种做法:一是主张适用法院地法取而代之。如奥地利1978年《联邦国际私法法规》第四条第二款规定:"如经充分努力,在适用期限内外国法仍不能查明,应适用奥地利法。"我国在《法律适用法》中也明确了外国法内容无法查明时该如何适用法律,其中第十条规定:"不能查明外国法律或者该国法律没有规定的,适用中华人民共和国法律。"二是重新选择准据法。20世纪以来,冲突规范连结点软化的趋势越来越明显,即针对同一个问题的法律选择有两种以上的选择,则根据其一确定的准据法无法查明时,则可以依据另一个连结点来确定准据法。如意大利1995年《国际私法制度改革法》第十四条要求法官在被指定的外国法无法查明时,根据同一问题的其他连结因素重新确定准据法。三是适用一般法律原则。这种观点认为,外国法无法查明或未作规定时,应依据一般的法律原则或法理进行裁判。依据一般的法律原则或者法理进行裁判在适用国内法律时也比较常见,主要是因为任何国家的法律都有可能出现漏洞,在强调稳定性的情况下,法律难以及时回应现实情况的变化,于是就会出现暂时性无法可依的局面,在这种情况下,法官就会依据法律原则或者一般法理来裁判案件。那么,在涉外案件的处理过程中,当外国法的内容难以查明时,当然可以适用一般的法律原则或法理来处理案件。四是驳回当事人的诉讼请求或抗辩。主要是那些把外国法当作事实的国家采取这种办法,即把查明外国法内容的责任赋予了当事人,由当事人来证明,如果举证不能,则要承担驳回诉讼请求或抗辩的后果。如《德国民事诉讼法典》第二百九十三条规定,德国法院依职权确定外国法的内容,但也有权要求当事人双方提供有关外国法的证据,如果负责提供外国法证据的一方举证不能,法院可以证据不足驳回其诉讼请求或抗辩。

第七节　外国法的错误适用

一、外国法的错误适用及其类型

(一)外国法的错误适用

外国法的错误适用,是指一国法院在处理涉外案件时,错误选择冲突规范

进而错误地适用了实体法律,或对外国法律做了错误的解释和适用的情况。任何法官在诉讼过程中,均难以避免地发生错误适用法律的情况,在涉外民商事纠纷的处理过程中,由于涉外案件处理往往比纯国内案件的处理更为复杂,因此,出现错误的概率更大。这种错误既包括错误适用冲突规范的情形,也包括对外国法律做错误解释的情形。

(二)适用冲突规范的错误

适用冲突规范的错误是指法官依照其本国冲突规范本来应该适用某一外国法而错误地适用了另一外国法或本国法,或本应适用本国法而错误地适用了外国法。适用外国法本来就是一个复杂的过程,其核心是通过冲突规范选择准据法。因此,冲突规范的选择直接关系到准据法的确定,事关当事人的权益。在确定援引冲突规范的时候,首先需要进行识别,即对所涉问题进行定性或分类,如果识别这个环节出现错误,那么,就会出现适用冲突规范错误的情况。比如,本来应该把案件定性为一个实体法问题,需要通过冲突规范来选择准据法,很有可能适用的是外国法,但是法官却错误地把它定性为一个程序法问题,直接适用本国法来处理,最终会导致不同的处理结果。

(三)适用外国法的错误

适用外国法的错误是指法官对某一涉外关系已经依据冲突规范适用了应该适用的外国法,但对该外国法的内容做了错误的解释。法律的外在表现是条文,但其实质内容则体现的是一个国家的人文,由于历史传统、思维习惯及文化背景的差异,各国表面上看起来相类似的规定,其实质内涵可能有所差异,加之法律规定之间还有一个相互协调的问题,即要准确把握某一法律规定的内涵,往往需要从整体上把握相关法律规定,所有这些都是外国法院的法官难以把握的。即使在国内案件的处理中,适用法律错误的情形随处可见,不同法官就法律适用往往会有多种截然不同的意见,更何况在涉外案件的裁判中,就更有可能出现错误适用外国法的情况。

二、外国法的错误适用的救济方法

从各国的司法实践来看,针对错误适用外国法的不同情况,有不同的救济办法。对于适用冲突规范的错误,一般认为其本质上是适用本国冲突规范的错误,属于错误适用本国法的性质,各国一般认为这与违反本国其他法律规范的性质相同,从而允许当事人依法通过上诉来纠正这种错误。而对于适用外国法的错误,是否允许当事人上诉,存在不允许当事人上诉和允许当事人上诉两种截然对立的主张,这取决于一国法院对外国法属性的认识,即对外国法究竟是"事实"还是"法律"的定性密切关联。持前一种主张的认为,外国法是事实,法院只限于审查从事实中得出的结论,因而不允许上诉;持后一种主张的认为,外国法也是法律,适用法律错误当然应该允许上诉。

在我国,民事诉讼法在"涉外民事诉讼程序的特别规定"中没有就错误适用外国法是否可以上诉作明确规定,但是依据特别法与一般法的关系,当特别规定中没有规定的时候,就适用民事诉讼法的一般规定。我国对民事案件实行两审终审制,根据"有错必纠"原则,法院在审理涉外民商事案件时发生的外国法适用错误,无论是适用本国冲突规范的错误,还是适用外国法本身的错误,当事人如果不服都可以提起上诉,要求加以纠正。对于已经发生法律效力的判决,如果发现明显的错误,还可以通过审判监督程序加以纠正。

第四章
拓展阅读

第四章
案例分析

第五章 国际私法的特殊制度

知识脉络图

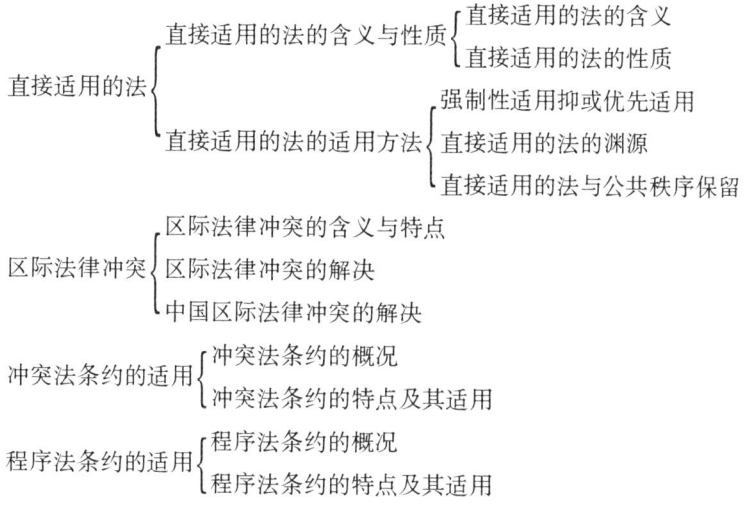

"理论是灰色的,实践之树常青",国际私法上的诸多制度随着国际交往实践的不断发展而发生变化。有一些制度可能和国际私法的基本宗旨有一些相悖之处,但是它在处理一些特殊领域的涉外法律问题具有较好的功效,因此,也纳入国际私法中来,如直接适用的法。还有一些问题只是在少数国家才有,如区际法律冲突问题,相对而言,世界上存在区际法律冲突的国家比较少,也就是说,当一国法院通过冲突规范确定的准据法是外国法时,偶尔会遇到该外国有多个法域,这时需要进一步确定更为具体的法律来确定当事人的权利义务关系,就需要解决区际法律冲突问题。此外,各国为了最大限度地消减法律冲突,在统一实体法的同时,还在冲突法和程序法方面也一直在尝试制定一些国际条约。相对而言,冲突法和程序法方面的公约数量较少,影响比较有限,在很多国家还需要转化适用。以上几项制度在处理涉外案件时,并非必须经过的步骤,

和识别、反致、外国法内容的查明等制度相比,具有一定的特殊性。基于此,本章在介绍直接适用的法、区际法律冲突、冲突法条约的适用、程序法条约的适用等几项制度时,冠以"特殊"二字,只是为了和上一章的一般制度相区分,并没有其他特定含义。

第一节　直接适用的法

一、直接适用的法的含义与性质

(一)直接适用的法的含义

20世纪50年代,弗朗西斯卡基斯提出了著名的"直接适用的法"理论,核心思想是在国家干预主义日渐增强的情况下,为了更好地维护国家利益和社会公共利益,需要制定一些具有强制力的规范,直接适用于涉外民商事关系,不再通过冲突规范的指引来选择法律。这一较为新颖的提法引起了许多冲突法学者的关注,不少学者尝试对直接适用的法进行界定,看法不尽相同,但以下几点核心要义得到大部分学者的认可:一是直接适用的法是实体性法律规范,能够直接确定当事人的权利和义务;二是直接适用的法是一种强制性规范,法官必须直接予以适用;三是直接适用的法所适用的领域一般是事关国家和社会的公共利益。国内学者中较有代表性的界定是——"直接适用的法是指在一些国际性民商事案件中,涉及那些具有强制适用效力的、无须援引法院地的冲突规范,就可以径自直接适用于案件的法律规范。"[①]

(二)直接适用的法的性质

当人们谈及直接适用的法的性质时,一般从以下两个角度来分析:一是它的公私法属性,即直接适用的法属于公法还是私法?二是直接适用的法属于冲突规范还是实体性规范?对于前者,国内外有不少学者认为直接适用的法属于公法性质的规范,或者说具有一定的公法性质,主要理由是此类规范具有强制性且不能由当事人予以变更,因此属于公法范畴。从直接适用的法的提出背景

---

① 肖永平.法理学视野下的冲突法[M].北京:高等教育出版社,2008:325.

及法律运动的趋势来看,不宜将其绝对地认定为公法还是私法,将其定性为公私结合或者公法化了的私法比较妥当。从提出背景来看,20世纪50年代,国家干预主义风靡一时,具体在涉外交往中,国家对关系重大公共利益的领域实行干预,这种干预在司法过程中也有体现,直接适用的法正是在这种背景下提出的;从法律运动趋势来看,20世纪中叶以来,"公法私法化"和"私法公法化"的趋势日渐深化,是法律制度与社会发展互相调适的结果,具体到冲突法领域,主要体现为直接适用的法这种适用方法的运用。对于后者,有些学者主张直接适用的法属于冲突规范,如弗朗西斯卡基斯认为,此类规范只是一些冲突规范,不过是"广义的"冲突规范。巴迪福也持类似观点。但是也有少数学者认为,直接适用的法仍然是一种实体法,是具有强制性的实体法规范。以上看法均有一些不合理之处,如果将其定性为冲突规范,既不符合冲突规范的逻辑结构,也不具备冲突规范的功能,如果将其定性为实体规范,从内容方面看,确实具备实体规范界分当事人权利义务的特点,但是从形式上看,直接适用的法又有不同于普通实体法规范的地方,体现为它限定了规范的适用范围且有一定的连结因素。基于此,有学者认为直接适用的法是介于实体规范和冲突规范之间的边缘性法律规范。有学者进一步指出了直接适用的法的具体类型,包括自我定位的空间适用规范和实体性的规范两类法律规范。所谓自我定位的空间适用范围,也有人称其为"具有特殊目的的冲突规范""次单边冲突规范""自我限定规范""空间受调节规范""专属规范"等,是指根据法律本身的性质和所体现的政策、目的规定自己适用范围的规范。直接适用的法更多的是由实体性法律规范构成的。因为仅有自我定位的空间适用规范无法解决具体的涉外民事争议,而必须结合实体法规范提供的裁决依据,才能最终确立个案中当事人双方的权利义务关系。

二、直接适用的法的适用方法

(一)强制性适用抑或优先适用

一般来说,直接适用的法属于强制性规范,相较于普通的冲突规范、当事人意思自治、最密切联系等法律适用的原则性规定以及国际公约等,具有优先适用的效力。直接适用的法的理论前提是,在每一法律体系中都存在着一些实体规范,由于其特殊性质、目标或政策,可以不考虑正常的冲突规范的要求而予以直接适用。如《瑞士联邦国际私法法规》第十八条规定,瑞士法律中的强制性规定,基于其特殊目的,可以无须冲突规范的指引而予以直接适用。在此种情况下,直接适用的法具有优先适用的效力,它不仅撇开了冲突规范,往往还剥夺了当事人的意思自治,把最密切联系原则也置之度外,甚至还把本应适用的国际公约也给抛弃了。

(二)直接适用的法的渊源

直接适用的法主要是来自法院地国的法律,这是由其本质所决定的。有些法律旨在组织和保护一个国家的社会、经济和金融结构,通常都是适用于一切与法院地有充分联系因而会影响法院地利益的交往关系。比方说组织劳动市场和保护在市场范围内的受雇佣者的法律,就属于这类范畴的法律。直接适用的法最初所"直接适用"的只是本国法。后来,直接适用的法的范围逐步扩大到直接适用外国法和直接适用国际条约。各国对于能否像适用本国的直接适用的法那样直接适用外国的直接适用的法态度不一,在立法上,既不禁止也不强制要求法官适用外国的直接适用的法;在司法实践中,各国的法院普遍坚持较为谨慎的态度。直接适用外国法的途径主要是当某一外国直接适用的法与案件有着最密切联系时,法官可以排除准据法的适用,直接适用该外国直接适用的法,此种适用方法的理论基础在于平等地对待内外国法,包括外国的直接适用的法。

(三)直接适用的法与公共秩序保留

"公共秩序保留"制度和直接适用的法都会导致本国法律的直接适用。适用"公共秩序保留"制度的结果就是排除了本应该适用与案件的外国法,而目的就在于维护法院地国的重大社会利益和公共政策。直接适用的法的主要目的也在于维护法院地国的公共秩序,因此,有学者认为"公共秩序保留"是直接适用的法产生的原因和基础。只不过公共秩序保留一般是在通过冲突规范指引确定的准据法为外国法时,发现该外国法的内容及其适用结果与本国的公共秩序相违背的时候,拒绝适用该外国法。而直接适用的法则是直接限定某些关系公共利益的领域,无须援引冲突规范,直接强制性地适用本国法。从这个角度看,前者是"事后"适用本国法,后者则是"事前"适用本国法。此外,公共秩序保留背后所体现的法律或道德的基本原则大多是抽象的,这就给予了法官在个案中相当大程度的自由裁量权,而直接适用的法是明确的法律规范,立法者制定之初就规定了这些法律规范在实际案件中被直接适用,因而法官没有自由裁量的空间。例如,我国的有关规定对直接适用的法就做出了比较明确的规定。《法律适用法》第四条规定:"中华人民共和国法律对涉外民事关系有强制性规定的,直接适用该强制性规定。"为了明确具体的适用情形,最高人民法院

《关于适用〈法律适用法〉若干问题的解释(一)》第十条规定:"有下列情形之一,涉及中华人民共和国社会公共利益、当事人不能通过约定排除适用、无须通过冲突规范指引而直接适用于涉外民事关系的法律、行政法规的规定,人民法院应当认定为涉外民事关系法律适用法第四条规定的强制性规定:(一)涉及劳动者权益保护的;(二)涉及食品或公共卫生安全的;(三)涉及环境安全的;(四)涉及外汇管制等金融安全的;(五)涉及反垄断、反倾销的;(六)应当认定为强制性规定的其他情形。"

第二节　区际法律冲突

一、区际法律冲突的含义与特点

不同国家之间由于历史传统、政治制度等方面的差异,民商事法律制度有所不同,从而导致国际法律冲突。类似地,有些国家内部的不同区域所施行的法律制度往往也会存在差异,由此形成区际法律冲突。一国内部施行不同法律制度的区域称之为"法域",根据一个国家内部法域的数量,可以把世界上的国家分为单一法域国家和复合法域国家。复合法域国家的形成原因是多方面的,诸如国家的合并、国家的复活等。由此可见,复合法域与区际法律冲突是一个问题的两个方面。一般认为,区际法律冲突产生须具备如下条件:①在一国内部,存在着数个具有不同法律制度的法域;②各法域人民之间的民事交往导致产生众多的涉外民事法律关系;③各法域相互承认外法域的自然人和法人在内法域的民事法律地位;④各法域互相承认外法域的法律在自己域内的域外效力。

一般认为,区际法律冲突具有以下几个特点:①区际法律冲突是在一个主权国家领土范围内发生的法律冲突,如美国加利福尼亚州和田纳西州之间的法律冲突,加拿大的安大略省和魁北克省之间的法律冲突,英国的英格兰和苏格兰之间的法律冲突都属于区际法律冲突。②区际法律冲突是在一个主权国家领土范围内具有独特法律制度的不同地区之间的法律冲突,也就是说,区际法律冲突属于空间法律冲突。③区际法律冲突是一个主权国家领土范围内不同地区之间的民事法律冲突,强调的是区际法律冲突属于私法冲突,一国内部不同法域之间的公法冲突不属于区际法律冲突。④区际法律冲突属于平面法律冲突,不是垂直法律冲突。

二、区际法律冲突的解决

区际法律冲突与国际法律冲突的法律适用方法总体上是相同的,可以分为直接调整的方法和间接调整的方法。对于区际法律冲突来说,直接调整的方法是指直接依据某些实体法规则来解决纠纷,这里的实体法规则包括国际条约、国际惯例和一国内部直接适用的法。例如,美国联邦立法机关制定的部分统一实体法规则可以在各州普遍适用,这也属于直接调整方法。间接调整的方法是指通过制定区际冲突规则的指引来确定准据法。当然,有些国家不制定专门的区际冲突规则,而是运用解决国际法律冲突的冲突规则来解决区际法律冲突,如美国解决国际法律冲突的冲突规范可以适用于区际法律冲突的解决。正如《第二次冲突法重述》所指出的,在通常情况下本重述所确定的各项原则,适用于含有多国因素的国际私法案件,也适用于国内各州间冲突的案件。我国和美国的做法相类似,我国的《法律适用法》既可以用来解决国际法律冲突,也可以用来解决我国的区际法律冲突。

国际法律冲突往往与区际法律冲突相伴随。例如,中国的甲公司与美国的乙公司发生了民商事纠纷,如果纠纷当事人在中国的法院提起了诉讼,中国法院根据自己的冲突规范指引确定的法律为美国法。但是,美国属于复合法域国家,不同州之间的民商事法律规定是不同的,因此,需要进一步确定具体适用美国的哪一个州的法律。如此一来,本来属于美国与中国之间的国际法律冲突,可为了最终确定所应该适用的法律,还需要进一步解决区际法律冲突。那么,在确定适用美国法的情况下,如何进一步确定所适用的具体某个州的法律呢?一般的做法是依据这个国家的区际冲突规则来确定。对此问题,马丁·沃尔夫在论述没有统一法律体系的国家的法律如何适用问题的时候指出,对于复合法域的法律适用应该依照这个国家的区际法或者人际法来确定案件的法律适用。例如,如果英格兰法院适用某一外国法,但是如果这个国家没有统一的法律体系,而在它的不同的区域内(如在波兰、罗马尼亚的情形),或者对于各种宗教不同、种族不同或社会阶级不同的居民(如在印度的情形),采用不同的法律制度的时候,英格兰法院将依照这些国家的区际法或者人际法来确定准据法。

第三节　冲突法条约的适用

一、冲突法条约的概况

各国为了协调彼此间法律制度的差异,从根本上促进国际经济交往,通常会共同制定一些国际私法条约。依据不同的标准,国际私法条约有不同的分类,根据条约统一的对象,我们可以把条约分为统一实体私法条约、统一冲突法条约和统一程序法条约。从统一、公平适用法律的角度来说,最好的办法是制定出大量的统一实体私法条约,如 1980 年的《联合国国际货物销售合同公约》。但实际情况是,各国达成统一实体法条约的难度较大,即便达成了,也存在成员国数量少,各国对条约的部分内容持保留态度等原因,使得统一实体法条约的适用存在不少困难。各国的冲突规则也是有差异的,为了消除差异,最大限度地促进冲突规则的统一,各国在一些特定的法律关系的法律适用问题上力图达成一致,部分国家及一些国际组织也致力于制定统一冲突法条约。典型的冲突法条约有《布斯塔曼特法典》《海牙夫妻财产制法律适用公约》《遗产继承法律适用公约》等等,这些法典或公约的主要目的是统一"冲突法",以求得法律适用上的初步统一。从国际组织来看,目前世界上影响最大的政府间国际组织是海牙国际私法会议。海牙国际私法会议在其《章程》的第一条中明确规定,其宗旨是致力于国际私法规则的逐步统一。迄今为止,海牙国际私法会议共有七十四个成员(截至 2013 年 5 月 20 日),共通过了近四十项国际公约,广泛涉及国际民商事法律适用、国际民事诉讼程序及司法合作等领域。

二、冲突法条约的特点及其适用

一般认为,冲突法条约具有以下几个特点:一是冲突法条约的功能在于协调各国的冲突法制度,逐步统一冲突法规则;二是冲突法条约的主要内容是冲突规范,这些冲突规范可以被参加国的法院直接适用来确定准据法;三是与实体法公约相比,冲突法条约的缔约国数量较少,影响较小。

同国际统一实体法公约一样,统一冲突法条约并非均是直接适用的法,往往也是可以选择的,即通过选择冲突法而选择实体法。冲突法条约在不同国家的具体适用是不同的,这与一国是否参加某个冲突法条约以及加入冲突法条约时是否做出一定程度的保留是密切相关的。如双方当事人所属国均为某个冲突法条约的缔约国,则根据"条约必须遵守"的原则,一般会直接适用该冲突法公约,如果一个国家没有参加某个冲突法公约,自然会直接适用本国的冲突规范,除了本国没有相应的冲突规范时参照适用该公约,否则,不会直接适用该公约。

第四节   程序法条约的适用

一、程序法条约的概况

任何国家的法律体系中,实体法和程序法始终相伴而存,实体法具体规定了当事人的权利义务,程序法则规定了适用实体法裁判案件的具体步骤。程序公正的重要性被世界各国所一致认可。同实体法一样,各国由于历史传统和现实国情的差异,程序法也存在一定程度的差异。为了消除各国的程序法的差异,一些国家和国际组织主持制定了一些统一程序法公约。统一程序法公约从性质上区分应包括国际民商事诉讼程序公约和国际商事仲裁程序公约,两者共同构成解决涉外民商事争议的法律手段。

在统一程序法条约的国际组织中,影响最大的当数海牙国际私法会议,在其组织下,签订了多个影响较大的程序性公约,较有代表性的公约有:1954 年签订的《民事诉讼程序公约》,1965 年签订的《关于向国外送达民事或商事司法文书和司法外文书公约》,1971 年签订的《外国民商事判决承认和执行公约》,1971 年签订的《外国民商事判决承认和执行公约附加议定书》,1970 年签订的《关于从国外调取民事或商事证据的公约》,1973 年制定的《抚养义务判决的承认与执行公约》,2005 年制定的《选择法院协议公约》等,上述公约在促进协调和统一各国国际民商事诉讼程序法方面的作用日渐增强。

二、程序法条约的特点及其适用

一般认为,国际统一程序法条约具有以下几个特点:第一,国际统一程序法条约的功能在于协调各国的程序法,最大限度地统一程序法规则,以求得程序上的统一和公正。第二,国际统一程序法条约的主要内容是程序性规范,主要内容包括司法管辖权、司法协助、法院判决和仲裁裁决的相互承认与执行等问题。第三,一般认为,程序性规范属于公法,一国在审理涉外案件的时候,不需要在本国的程序法和外国的程序法之间选择。相应地,统一程序法条约也具有"公法"的性质。

国际统一程序法条约如何适用? 主要存在两个问题:一是统一程序法条约是转化适用还是直接适用? 二是当事人可不可以通过意思自治来排除统一程序法条约的适用? 对于第一个问题,国际条约在一国国内的适用历来存在"一元论"和"二元论"的分歧。由于不同国家关于条约与国内法的关系的理论和主张不同,有些国家依据"条约必须遵守"的原则,主张统一程序法条约在这些国家可以得到优先适用。实践中,统一程序法条约在国内法上的适用一般采取直接纳入的方式,如我国于1987年加入了1958年制定的《关于承认和执行外国仲裁裁决公约》,1991年加入了1965年通过的《关于向国外送达民事或商事司法文书和司法外文书公约》,1997年加入了1970年通过的《关于从国外调取民事或商事证据的公约》,全国人民代表大会分别于1987年、1992年和1997年颁布了关于加入这几个公约的决定,从而将公约的规定接受为国内法。一般来说,这些程序性公约在司法过程中具有自动执行力。如我国《民事诉讼法》第二百四十七条第一款规定:"人民法院对在中华人民共和国领域内没有住所的当事人送达诉讼文书,可以依照送达人所在国与中华人民共和国缔结或参加的国际条约规定的方式进行。"第二百六十三条规定:"请求和提供司法协助,应当依照中华人民共和国缔结或参加的国际条约所规定的途径进行。"但是,也有些国家并不直接适用国际公约,而是通过转化纳入的方式将国际公约纳入国内法中。对于第二个问题,一般认为,当事人的意思自治不能发挥作用,也就是说,当事人不能通过合意排除这类国际条约的适用,也不能选择适用这类公约。

第五章
拓展阅读

第六章　国际私法的主体类别

知识脉络图

```
         ┌ 自然人的国籍
自然人  ┤ 自然人的住所
         └ 自然人的权利能力与行为能力
       ┌ 法人的国籍
法人  ┤ 法人的住所
       └ 外国法人的许可
       ┌ 国家作为国际私法主体的特殊性
国家  ┤
       └ 国家及其财产豁免权
```

第一节　自然人

一、自然人的国籍

根据国籍的不同,可以把自然人分为本国人、外国人和无国籍人。国际私法调整的是涉外民事关系,其中一个重要的判断因素就是主体的涉外性,自然人的国籍是判断涉外性的重要标志。国籍也是一国法院行使管辖权的重要依据。此外,国籍也是冲突规范中非常重要的连结点,是法律选择的一个重要依据。因此,自然人的国籍在国际私法上具有重要的意义。

(一)自然人国籍的取得方式

1.生来取得

生来取得就是基于自然人的出生而取得某国国籍。有的国家采用血统主义,即父母的国籍决定了子女的国籍;有的国家采取出生地主义,即自然人的出生地所在国就是其国籍所属国;也有的兼采血统主义和出生地主义,可以称之为混合主义,如我国《国籍法》第五条规定:"父母双方或一方为中国公民,本人出生在外国,具有中国国籍;但父母双方或一方为中国国民并定居在外国,本人出生时即具有外国国籍的,不具有中国国籍。"《国籍法》第六条规定:"父母无国籍或国籍不明,定居在我国,本人出生在中国,具有中国国籍。"

2. 传来取得

国籍的传来取得主要有两种情形:一是归化,也就是入籍,即当事人自愿申请取得某国国籍,或由于婚姻、收养而取得一国国籍;二是国际法上的原因,如领土变更(领土割让、国家合并)会导致该项变更所涉领土上居民的国籍发生变更。

(二)自然人国籍的冲突解决

各国关于国籍确定的法律制度不同,常常会导致一个自然人有两个或两个以上的国籍,或者可能出现一个人不具有任何一国国籍的情况,前者称之为国籍的积极冲突,后者称之为国籍的消极冲突。为了确定某种民事关系是否具有涉外性以及进一步确定其法律适用,必须依据一定的规则确定自然人的国籍。

1. 国籍积极冲突的解决

一个自然人同时具有两个以上国籍,其中一个是本国国籍,一个是外国国籍时,通常的做法是本国国籍优先。如根据《德国民法施行法》第五条规定,当事人同时具有德国国籍和外国国籍的,以德国法作为其本国法。再如《2001年韩国修正国际私法》第三条规定,应当适用当事人本国法情况下,若当事人有两个以上国籍,但是,其国籍中有一个是大韩民国国籍时,以大韩民国法律为其本国法。

一个自然人具有两个或两个以上的国籍均为外国国籍时,有的国家是以当事人住所或者经常居所地所在国国籍优先,有的以与当事人有最密切联系的国籍优先,还有的以最后取得的国籍优先。例如,我国《法律适用法》第十九条规定:"依照本法适用国籍国法律,自然人具有两个以上国籍的,适用有经常居所的国籍国法律;在所有国籍国均无经常居所的,适用与其有最密切联系的国籍国法律。自然人无国籍或者国籍不明的,适用其经常居所地法律。"

2. 国籍消极冲突的解决

当国籍出现消极冲突时,即自然人不具有任何一个国家的国籍,各国通常以其住所地所在国为其国籍所属国,如果没有住所或者住所不能确定,则以其居所地来确定。如果无法确定居所，则适用法院地法。

二、自然人的住所

住所在国际私法中和国籍的地位相似，同样具有重要的法律意义。其一，住所是涉外因素认定的一个重要依据；其二，住所也是一国法院行使管辖权的重要依据，通常情况下，被告住所地是最常见的管辖根据；其三，住所也是冲突规范中重要的连结点，是法律选择的重要依据。

住所通常从主客观两个方面来认定，一是主观上有久住的意思，二是客观上有居住的事实。由于主观上的意思表示难以判定，客观方面，基于人的流动性增加，打破了以往久住一处很少变换住所的局面。于是出现了"惯常居所""居所"等替换性概念。在我国，和住所密切相关的两个概念是"经常居住地"和"经常居所地"。《民法总则》第二十五条规定："自然人以户籍登记或者其他有效身份登记记载的居所为住所；经常居所与住所不一致的，经常居所视为住所。"最高人民法院《关于贯彻执行〈中华人民共和国民法通则〉若干问题的意见（试行）》第九条规定："公民的经常居住地是指公民离开住所地至起诉时已连续居住一年以上的地方。但公民住院治病的除外。"《司法解释（一）》第十五条规定："自然人在涉外民事关系产生或者变更、终止时已经连续居住一年以上且作为其生活中心的地方，人民法院可以认定为涉外民事关系法律适用法规定的自然人的经常居所地，但就医、劳务派遣、公务等情形除外。"由此可见，"经常居住地"和"经常居所地"还是有一定的区别，在涉外民事案件中，通常以"经常居所地"为依据判定涉外因素以及确定连结点。

（一）自然人住所的确定方式

国际私法上，住所一般有以下几种取得方式：一是原始住所，也称之为"生来住所"，是指自然人因出生而取得的住所；二是选择住所，是指自然人自主选择而确定的住所；三是法定住所，是指根据法律规定而取得的住所。生来住所一般是确定不变的，但是选择住所和法定住所会发生变化，大部分国家都对自然人改变住所持宽松的态度，甚至把迁徙自由作为一项基本的人权，理论上讲，一个自然人可能会选择几个不同的住所。法定住所也可能发生变化，当事人可以改变法律规定的相关事实即可实现改变住所的目的。

（二）自然人住所的冲突解决

各国关于住所的确定方式不同，自然可能导致自然人的住所发生冲突，既可能出现住所的积极冲突，即一个人同时具有两个或两个以上的住所，也可能出现住所的消极冲突,即一个人没有任何法律意义上的住所。对于住所积极冲突的解决,和自然人国籍冲突的解决相类似,当一个人既在本国有住所,又在外国有住所时,以本国住所优先。当在两个以上的外国都有住所时,则以最后取得或者最密切联系来确定。对于住所消极冲突的解决,一般以经常居所地或者居所地来代替住所,难以确定经常居所地或者居所地的,以当事人事发时所在地为其住所。

三、自然人的权利能力与行为能力

(一)自然人权利能力法律冲突的解决

自然人的权利能力是指自然人享有民事权利和承担民事义务的资格,这种资格本身没有什么差异,且都是"始于出生,终于死亡",但是各国对"出生"与"死亡"的界定有所不同,这就会引发权利能力的冲突。对于自然人权利能力法律冲突的解决,有几种不同的主张。有的主张适用该法律关系准据法所属国法律,即如果是关于合同缔约能力的问题,就适用合同准据法所属国的法律;有的主张适用法院地法,即受理案件法院所在地国家的法律;有的主张适用当事人国籍所属国法;还有的主张适用当事人的住所地法。以上几种主张均有一定的合理性,但是从权利能力作为自然人基本属性的角度看,这种属性和自然人的生活中心密不可分,很多国家倾向于依据住所地法来确定自然人的权利能力,如我国《法律适用法》第十一条规定:"自然人的民事权利能力适用经常居所地法律。"

(二)自然人的民事行为能力法律冲突的解决

自然人的民事行为能力是指通过自己的行为取得民事权利和承担民事义务的能力和资格。这种能力和资格既和年龄有关,也和智力和精神状况有关。一般把自然人的行为能力区分为三种状态:完全民事行为能力、限制民事行为能力和无民事行为能力。由于各国民法对上述几种行为能力规定的条件不尽相同,自然人行为能力的法律冲突也比较常见。单单年龄方面的规定就存在较大差异,以我国《民法总则》的规定为例,"十八周岁以上的成年人为完全民事行为能力人,八周岁以上的未成年人为限制民事行为能力人,不满八周岁的未成年人为无民事行为能力人。"有些国家规定成年人的年龄为十六岁,有些则为二十岁,甚至更高。关于自然人民事行为能力法律冲突的解决和权利能力相类似,依据的都是当事人的属人法,如我国《法律适用法》第十二条规定:"自然人的民事行为能力适用经常居所地法律。"

第二节　法　人

一、法人的国籍

法人是拟制的人,本质上是能够以自己的名义享有权利、承担义务的组织。法人也有国籍,其国籍的确定同样具有重要的意义。首先,法人的国籍关系到它在特定国家的法律地位,一般来说,在本国成立的法人要在外国进行民事活动,需要得到该外国的认可,该外国是否认可的重要依据就是看两国之间是否有协定或者互惠关系,因此,确定该法人的国籍就相当重要了。其次,法人的国籍也是确定管辖权的重要依据,一般来说,一国法院会管辖一方当事人为本国法人的案件。再次,法人的国籍也是寻求本国进行外交保护的重要法律纽带,法人在外国从事经营活动,时常会遇到各种风险,如战乱、自然灾害等,此时,当它的权益受到危险或侵害时,当所在国无法提供救助的时候,就需要向本国寻求保护,本国在提供保护时,当然需要确定其国籍。最后,法人的国籍也是进行法律选择的依据。国际上常用法人的属人法判定法人是否存在,是否具有一般的权利能力以及法人的解散和后果等问题。

(一)法人国籍的确定依据

各国关于法人国籍的确定依据并不相同,主要有以下几种学说和立法实践:

1. 成员国籍说

这种主张认为,法人是一个拟制的组织,其创立和运行是由其成员完成的,其权利义务由自然人来行使和履行,因此,可以根据组成法人的自然人的国籍来确定法人的国籍。这种观点在法人制度确立伊始,有一定的合理性和可行性,因为此时的法人成员基本上均来自同一个国家。但是随着经济社会的不断发展,法人的成员组成越来越复杂,特别是当有了跨国公司之后,不论是股东来源,还是处于控制地位的董事会成员的组成,均可能来自不同的国家,此时,就很难以组成法人的自然人成员的国籍来确定法人的国籍了。

2. 登记地说

这种主张认为,法人的国籍应依其设立地而定。其理由是法人是依法成立的组织,法人进行民事活动的主体资格是国家依法予以批准和登记的。因此,在哪个国家进行设立登记,说明该国认可法人从事民事活动的资格,自然应该以此来确定法人的国籍。

3. 住所地说

这种主张认为,法人的住所是法人的经营管理和经济活动中心,因而法人的国籍应依其住所所在地而定。但是,如何来确定法人的住所呢? 又有几种不同的观点,特别是在跨国公司迅速发展的背景下,一个法人往往有几个营业地点和管理中心,很难明确究竟哪一个地点是其住所,也就难以确定其国籍了。

4. 复合标准说

基于以上学说均有一定的局限性,根据单一标准来确定法人的国籍很难妥善地解决问题,于是,有人主张采用复合标准来确定法人的国籍,通常依据法人的设立地和法人的住所地来确定法人的国籍。这种主张得到了广泛认可。需要说明的是,各国基于自身利益的考虑,经常会择机行事,毕竟这是各国根据其国内法来自主确定的事情。因此,法人国籍的确定,需要具体结合相关国家的立法规定和司法实践来确定。

(二)中国关于法人国籍确定的立法

我国对于法人国籍的确定,主要采用登记地说。最高人民法院《关于贯彻执行〈中华人民共和国民法通则〉若干问题的意见(试行)》第一百八十四条规定:"外国法人以其注册登记地国家的法律为其本国法,法人的民事行为能力依其本国法确定。外国法人在我国领域内进行的民事活动,必须符合我国的法律规定。"

我国《法律适用法》第十四条规定:"法人及其分支机构的民事权利能力、民事行为能力、组织机构、股东权利义务等事项,适用登记地法律。法人的主营业地与登记地不一致的,可以适用主营业地法律。法人的经常居所地,为其主营业地。"

二、法人的住所

法人的住所在国际私法上具有很重要的意义。一方面,法人的住所常用来作为判定法人国籍的依据;另一方面,法人的住所也是确定司法管辖权的重要依据。和法人国籍的确定相类似,法人住所的确定也有几种不同的主张。

(一)法人住所的确定依据

1. 管理中心地说

这种主张认为法人的管理中心是法人的决策机构所在地,决定着法人的重要决策部署和经营方向,而且,法人的决策中心通常只有一个,比较容易确定。实践中,有不少国家采用管理中心来确定法人的住所,如《日本民法典》第五十条规定,法人以其主事务所在地为住所。

2. 营业中心地说

该主张认为法人的住所地通常是开展实际经营的地方,营业中心通常也是法人的主要财产所在地,有财产的地方才能保证法人对外承担责任,一般来说比较稳定。但是,随着企业经营模式的不断变革,有些企业法人在多个地方分别设有研发中心、生产中心、销售中心等多个中心,很难确定哪一个是法人的营业中心,此时就难以确定法人的住所了。

3. 章程规定说

该主张认为成立法人需要在主管机关进行注册登记,登记时需要制定章程,而章程中都会载明住所,因此依据章程规定来确定法人的住所简便易行。实践中,有部分国家采用章程规定说,如《瑞士民法典》第五十六条规定,法人的住所,依法人章程的规定。

(二)中国关于法人住所确定的立法

我国《民法总则》第六十三条规定:"法人以其主要办事机构所在地为住所。依法需要办理法人登记的,应当将主要办事机构所在地登记为住所。"《公司法》第十条规定:"公司以其主要办事机构所在地为住所。由此可见,我国是以管理中心所在地来确定法人住所的,而且强调法人在办理登记时必须把主要办事机构所在地确定为住所。"

三、外国法人的许可

每个国家对法人的资格条件规定有所不同,在甲国登记注册的法人当然可以在甲国法律允许的范围内开展业务活动,但是它要到乙国开展活动,还需要得到乙国的许可,根据乙国法律来确定其经营范围的大小、权利是否受到限制以及对其业务活动进行监督。每个国家根据活动领域以及法人来源国的不同,确定不同的许可方式,主要有以下几种:

(一)外国法人许可的几种方式

1. 特别许可

特别许可指的是一国对外国法人采取特别的批准和登记程序加以认可,该法人才可以在该国从事相关活动。这种许可方式有利有弊,利在于国家可以控制该外国法人在本国的活动,弊在于程序烦琐,甚至有可能因为特别许可而造成寻租腐败等后果。

2. 一般许可

一般许可指的是一国对于外国法人,不论其来源于何国,一般都给予认可的方式,这种许可不附带特别的条件、不需要履行特别的手续。这种方式简单易行,便利国际贸易的正常开展,得到大部分国家的认可和遵从。

3. 相互认可

相互认可指的是国家之间依据双边或多边的条约,或者基于互惠关系,分别在各自领域内认许对方国家法人的民事主体资格。1956 年海牙关于《承认外国公司、社团和财团法律人格的公约》和 1968 年布鲁塞尔《关于相互承认公司和法人团体的公约》中规定的认可方式就属于相互认可。

(二)我国对外国法人许可的规定

一般来说,外国法人在我国从事民事活动,有以下几种情况:一是从事临时性活动,从便利国际经贸往来和稳定交易秩序的目的出发,采取的是一般许可,即不需要履行特殊的手续,自动认可该外国法人在我国的民事主体资格。二是在我国注册成立的外商投资企业,这些都是依据中国法律在中国境内登记注册设立的企业。这些外商投资企业本身就是中国法人,不存在认可的问题。三是外国法人的分支机构或代表机构在我国进行民事活动,如何确定它的法律地位?或者说要不要进行许可以及如何进行许可?对此,我国在《公司法》和《外国企业常住代理机构登记管理条例》《外资保险公司管理条例》《外资银行管理条例》等行政法规以及《外资金融机构驻华代表机构管理办法》等部门规章中有所规定。其中《公司法》第一百九十二条规定:"外国公司在中国境内设立分支机构,必须向中国主管机关提出申请,并提交其公司章程、所属国的公司登记证书等有关文件,经批准后,向公司登记机关依法办理登记,领取营业执照。外国公司分支机构的审批办法由国务院另行规定。"《公司法》第一百九十五条规定:"外国公司在中国境内设立的分支机构不具有中国法人资格。外国公司对其分支机构在中国境内进行经营活动承担民事责任。"由此可见,我国对外国公司在我国的分支机构或者代表机构的法律资格采取的是特别许可的方式,特别是在较为特殊的金融领域进行了全面细致的规定。

第三节　国　家

一、国家作为国际私法主体的特殊性

国际私法的主体绝大部分是自然人和法人,但在有些情况下国家也可以成为国际私法的主体,也就是说,国家也可以以自己的名义参与民事活动。国家参与民事活动时,虽然也是作为与自然人、法人一样的平等主体开展活动,但仍然有其特殊性,主要体现在以下三个方面:首先是名义上的特殊性,即以一个主权国家的名义开展活动;其次是地位上的特殊性,国家作为国际私法的主体,虽然在法律地位上和与之交易的自然人、法人处于平等地位,但事实上国家处于优势地位,它以国库财产为基础来享有权利、承担义务;再次是责任上的特殊性,更准确地说是责任追究上的特殊性,即国家及其财产享有豁免权。

二、国家及其财产豁免权

(一)国家及其财产豁免权的概念

国家及其财产豁免权,简称为国家豁免,是指在国际民事交往中,一个国家及其财产享有不受其他国家管辖的权利。国家豁免是国际法上的一项重要原则,受到了各国的普遍认可,其本源在于国家主权原则,也可以说是国家主权原则派生出来的一项原则,即"平等者之间无管辖权"。

(二)国家及其财产豁免权的内容

1.司法管辖豁免

任何一个国家的法院不得受理以其他主权国家为被告或以该国的财产为标的的诉讼,除非该国主动愿意接受管辖,也就是说司法管辖豁免作为主权国家的一项权利是可以放弃的。

2.诉讼程序豁免

如果一国放弃了司法管辖豁免,作为原告向其他国家的法院提起诉讼或作为被告在其他国家的法院参加诉讼,其他国家的法院不得对该国或其财产采取诉讼程序上的强制措施,当然也可以放弃这一权利。

3. 强制执行豁免

如果一国接受了其他国家的司法管辖豁免,甚至也放弃了诉讼程序豁免,做出判决后,判决的履行依赖于该国的意愿,其他国家的法院不得对该国及其财产采取强制执行措施。

(三)各国对国家豁免的不同主张

国家豁免最有力的依据就是平等者之间无管辖权,但是从上述豁免的内容来看,对自然人和法人来讲有不公平之处,可能导致私人主体的权益得不到很好的维护,于是在理论上就有一些不同的看法,各国也有一些不同的主张,主要是绝对豁免和限制豁免。二战以后,国际法学界还提出了废除豁免理论和平等豁免理论。

1. 绝对豁免

绝对豁免的主张源远流长,核心内容是不论国家参与民事活动的行为是否具有主权性质,国家及其财产均享有绝对的豁免权,除非该国明确表示放弃该权利。

2. 限制豁免

限制豁免也称为相对豁免,该主张把国家的活动划分为主权行为和非主权行为,对于主权行为可以在他国享有豁免权,但是对非主权行为则不应该享有豁免权。也就是说,限制豁免以享有豁免权为原则,以不享有豁免权为例外。

关于国家豁免,国际社会一直致力于制定国际公约,联合国于2004年通过了《国家及其财产管辖豁免公约》,该公约目前虽然没有生效,但是其限制豁免的主张逐渐得到国际社会的认可,特别在商业交易、雇佣合同、人身和财产损害、知识产权、国家拥有或经营的船舶等领域主张不得援引国家管辖豁免。

(四)我国对国家豁免的基本态度

我国向来坚持国家及其财产享有豁免权的国际法基本原则,在实践中,我国曾经被一些国家提起诉讼,如"湖广铁路债券案",我国在该案处理中坚持国家豁免这一原则,使得案件获得了比较圆满的解决。在立法方面,我国至今没有专门针对国家豁免进行立法,只是在《民事诉讼法》第二百六十一条中规定,对享有外交特权与豁免的外国人、外国组织或者国际组织提起的民事诉讼,应当依照中华人民共和国有关法律和中华人民共和国缔结或者参加的国际条约的规定办理。该条规定没有涉及国家豁免。未来的国家豁免应该在绝对豁免和限制豁免之间进行某种平衡,也需要在具体案件中进行灵活处理。我国也应该在坚定维护国家主权和合理保护私人主体利益方面进行权衡,结合一些国际公约逐步完善我国的相关立法。

第六章
拓展阅读

第六章
案例分析

第七章　家事法律冲突与法律适用

知识脉络图

结婚的法律冲突与法律适用 ┤ 结婚实质要件的法律冲突与法律适用
　　　　　　　　　　　　　　结婚形式要件的法律冲突与法律适用
　　　　　　　　　　　　　　中国关于涉外婚姻的法律适用

夫妻关系的法律冲突与法律适用 ┤ 夫妻人身关系的法律冲突与法律适用
　　　　　　　　　　　　　　　夫妻财产关系的法律冲突与法律适用
　　　　　　　　　　　　　　　中国关于夫妻关系的法律适用

离婚的法律冲突与法律适用 ┤ 离婚的法律冲突
　　　　　　　　　　　　　离婚的法律适用
　　　　　　　　　　　　　中国关于离婚的法律适用

父母子女关系的法律冲突与法律适用 ┤ 父母子女关系的法律冲突
　　　　　　　　　　　　　　　　　父母子女关系的法律适用
　　　　　　　　　　　　　　　　　中国关于父母子女关系的法律适用

收养的法律冲突与法律适用 ┤ 收养的法律冲突
　　　　　　　　　　　　　收养的法律适用
　　　　　　　　　　　　　中国关于收养的法律适用

扶养的法律冲突与法律适用 ┤ 扶养的法律冲突
　　　　　　　　　　　　　扶养的法律适用
　　　　　　　　　　　　　中国关于扶养的法律适用

监护的法律冲突与法律适用 ┤ 监护的法律冲突
　　　　　　　　　　　　　监护的法律适用
　　　　　　　　　　　　　中国关于监护的法律适用

法定继承的法律冲突与法律适用 ┤ 法定继承的法律冲突
　　　　　　　　　　　　　　　法定继承的法律适用
　　　　　　　　　　　　　　　中国关于法定继承的法律适用

```
                        ┌─ 遗嘱继承的法律冲突
遗嘱继承的法律冲突与法律适用 ┤  遗嘱继承的法律适用
                        └─ 中国关于遗嘱继承的法律适用
                          ┌─ 无人继承财产的法律冲突
无人继承财产的法律冲突与法律适用 ┤  无人继承财产的法律适用
                          └─ 中国关于无人继承财产的法律适用
```

第一节　结婚的法律冲突与法律适用

婚姻作为一种社会现象具有悠久的历史,人类社会发展到一定阶段,逐步形成一些制度来规范两性的结合,这些规范主要是风俗、伦理和法律,这是人类走向文明的重要标志。不同的国家、不同的地域在婚姻方面的风俗、伦理和法律差异较大,而且这些差异难以改变。无论是风俗伦理,还是法律制度,作为一种规范,在婚姻的实质条件和形式条件方面均有一些特定的要求。随着人类交往的逐步扩大,跨国婚姻逐渐增多,基于各国的婚姻法律制度存在较大差异,这就形成了相应的法律冲突,如何确定其法律适用就是国际私法必须解决的问题。

一、结婚实质要件的法律冲突与法律适用

(一)结婚实质要件的法律冲突

所谓结婚实质要件,是指结婚当事人必须具备的条件以及必须排除的条件。其中,必须具备的条件,也称之为肯定性条件,通常包括当事人的合意、法定年龄、一夫一妻、必须为异性等;必须排除的条件,也称之为否定性条件,包括当事人是否有近亲关系、是否患有某种不适合结婚的疾病等。无论是肯定性条件,还是否定性条件,均与一国的历史传统和现实国情密切关联,导致结婚实质条件方面存在不少法律冲突。

关于当事人的合意,即结婚双方完全自愿是大多数国家的法定要求,不允许任何一方对他方加以强迫,也不允许父母等第三者进行干涉。所不同的是有些国家法定婚龄比较低,当事人还处于未成年阶段,此时,需要征得监护人的同意。例如,我国《婚姻法》第三条规定:"禁止包办、买卖婚姻和其他干涉婚姻自

由的行为。"第五条规定:"结婚必须男女双方完全自愿,不许任何一方对他方加以强迫或任何第三者加以干涉。"

关于法定婚龄,人口比较多且人口增长过快的国家,为了控制人口规模,就会把法定婚龄定的比较高,反之,法定婚龄就比较低。例如,我国《婚姻法》第六条规定:"结婚年龄,男不得早于二十二周岁,女不得早于二十周岁。"英国、意大利等国男子的法定婚龄为十六岁,女子更低。

关于一夫一妻制,在这一点上存在较大差异,这和特定国家的历史传统和宗教信仰有关系,如信仰伊斯兰教的塞内加尔、乌干达、利比亚、埃塞俄比亚、沙特阿拉伯等国就允许一夫多妻制。目前大部分国家都禁止一夫多妻制,明确规定一夫一妻制。例如,我国《婚姻法》第二条规定:"实行婚姻自由、一夫一妻、男女平等的婚姻制度。"

关于婚姻关系中性别问题,大部分国家规定必须是异性,即结婚是男女双方结合在一起的行为,但也有少数国家允许同性婚姻。例如,我国《婚姻法》第五条规定:"结婚必须男女双方完全自愿",但是在美国等国家允许同性婚姻。2015 年 6 月 26 日,美国最高法院做出一项历史性裁决,九名大法官以五比四的结果裁决同性婚姻合法,同性伴侣有权在全美五十个州结婚。由此,美国成为世界上第二十一个全境范围内允许同性伴侣结婚的国家。

关于近亲之间和患某些特殊疾病的结婚问题,有些国家明确规定为禁止性条件,其主要依据是近亲结婚会导致所生育的子女患遗传性疾病的风险大大增加,此外,患有某些传染性疾病则会加大疾病流行的概率以及影响当事人的身体健康。上述不利后果均有科学依据。但是,仍然有一部分国家不把它作为结婚的禁止性条件,认为当事人有选择的权利和自由,法律不该加以干涉。如我国《婚姻法》第七条规定:"有下列情形之一的,禁止结婚:(一)直系血亲和三代以内的旁系血亲;(二)患有医学上认为不应当结婚的疾病。"

(二)结婚实质要件的法律适用

基于以上几个方面的法律冲突,各国在理论研究和立法实践中形成了以下几种法律适用的规则,分别是婚姻缔结地法、当事人属人法或者二者相结合而成的混合制。

1.婚姻缔结地法

结婚适用婚姻缔结地法是最为古老的原则,而且至今被许多国家所采用。理论依据既可以用"场所支配行为"来解释,也可以用"既得权保护"来说明,甚至把婚姻缔结地作为婚姻关系的"本座"也能说得通。但是,采用这一原则也会出现一定的弊端,如当事人会有意选择婚姻举行地而规避本该适用的法律。采用这一原则的国家有美国、瑞士、阿根廷等。

2. 当事人属人法

采用这一原则的国家认为婚姻关系属于身份关系,当事人与其国籍所属国或者住所所在国的联系比较紧密,因此,适用属人法比较合理。但是,单纯适用属人法来确定结婚的法律适用,会遇到双方当事人没有共同国籍或者没有共同住所的情况,从而难以确定其法律适用,或者使得法律适用的规则更加复杂。采用此规则的代表性国家有奥地利、比利时等。

3. 混合制

由于单纯适用婚姻缔结地法和当事人属人法均存在一些问题,越来越多的国家把二者结合起来,要么以婚姻缔结地法为主兼采当事人属人法,要么以当事人属人法为主兼采婚姻缔结地法。既体现了冲突规范趋向灵活的潮流,也能弥补前两种规则的缺陷。我国关于结婚实质要件的法律适用采用了有条件选择的冲突规范。

二、结婚形式要件的法律冲突与法律适用

(一)结婚形式要件的法律冲突

结婚形式要件指的是缔结婚姻关系所必须履行的手续,有些国家要求当事人双方必须到主管机关登记并领取结婚证件,中国、日本、法国等国家都采用这一方式。有些国家则没有这一要求,当事人可以通过宗教仪式来完成结婚仪式,所信仰的宗教不同,结婚所依据的教规也有所差别,如西班牙、葡萄牙等国要求天主教徒必须按照天主教规的仪式举办婚礼。还有的国家不要求任何形式,只要双方当事人出于自愿,以夫妻关系的名义在一起生活,就成为事实上的婚姻,能够被法律所认可,瑞士、苏格兰以及美国的部分州都认可这种方式。

(二)结婚形式要件的法律适用

各国对结婚形式要件的法律适用和结婚实质要件的法律适用规则基本相同,也有婚姻缔结地法、当事人国籍所属国法、当事人住所地法等规则。为了避免"跛脚婚姻",在确定形式要件的准据法时,往往兼顾上述几种规则,即只要符合其中之一,就认定婚姻的形式要件是有效成立的。

三、中国关于涉外婚姻的法律适用

我国关于涉外婚姻的法律适用规则也经历了一定的变化。《民法通则》的

规定比较机械,设定了单一的连结点。其第一百四十七条规定:"中华人民共和国公民和外国人结婚适用婚姻缔结地法律,离婚适用受理案件的法院所在地法律。"但是《法律适用法》做了较大改变,采用国籍、经常居所地、婚姻缔结地等多个连结点,形成了有条件选择的冲突规范,相对比较灵活,尤其是对结婚的形式条件方面持更为开放的态度。其第二十一条规定:"结婚条件,适用当事人共同经常居所地法律;没有共同经常居所地的,适用共同国籍国法律;没有共同国籍,在一方当事人经常居所地或者国籍国缔结婚姻的,适用婚姻缔结地法律。"第二十二条规定:"结婚手续,符合婚姻缔结地法律、一方当事人经常居所地法律或者国籍国法律的,均为有效。"

第二节　夫妻关系的法律冲突与法律适用

一、夫妻人身关系的法律冲突与法律适用

(一)夫妻人身关系的法律冲突

夫妻人身关系指的是夫妻双方在家庭和社会中的身份、地位等方面的权利义务关系,通常包括姓名权、同居义务、从事工作的权利、相互代理家事的权利等内容。受历史传统、宗教信仰、风俗习惯等因素的影响,各国对于夫妻人身关系的法律规定有所不同,会在许多方面形成法律冲突。例如夫妻关系中的姓名权,大部分国家都规定夫妻有自由选择姓氏的权利,但瑞士等少数国家规定结婚以后妻子要随丈夫姓。又如夫妻同居义务,德国等国家规定夫妻有同居的义务,但是任何一方不能滥用,在特殊情况下,乙方有权拒绝履行这一义务,有些国家则没有规定。再如在相互代理家事方面,不同国家所规定的家事代理范围大小和效力认定不同。

(二)夫妻人身关系的法律适用

关于夫妻人身关系的法律适用,大体上有以下两种情形:一是适用当事人属人法,既包括国籍所属国法,也包括住所地法。适用当事人的国籍所属国法符合人的身份能力适用当事人本国法的普遍原则,适用当事人住所地法在很大程度上能够保证夫妻人身关系和其所在地域的公共道德、公序良俗相吻合。二

是适用最密切联系地法。随着社会的不断发展进步,夫妻双方的地位趋于平等,特别是妻子在工作、生活方面趋于独立,夫妻双方的住所地并不一致,当出现既没有共同住所地,也没有共同国籍国的时候,就需要依据最密切联系原则来判定夫妻人身关系的法律适用。

二、夫妻财产关系的法律冲突与法律适用

(一)夫妻财产关系的法律冲突

夫妻财产关系又称之为夫妻财产制,指的是夫妻双方在家庭财产方面的权利义务关系。通常包括婚姻关系对婚前财产是否有影响,婚姻关系存续期间所获财产的归属,夫妻在管理、处分财产方面的权利义务以及夫妻关系存续期间的债务承担等内容。关于婚姻关系对婚前财产的影响,巴西、荷兰等国规定夫妻婚前取得的财产也属于夫妻共同所有,而法国、中国等国家则规定,一方婚前的财产属于个人所有,不属于共同财产。关于夫妻在管理、处分财产方面的权利义务,一些国家对夫妻一方未经对方同意擅自管理、处分共同财产的行为做出规定,如《法国民法典》第一千四百二十八条规定,如果夫妻一方对夫妻共同财产实施越权处分行为的,另一方可在知道越权行为之日起两年内请求法院撤销该行为。而有些国家则赋予另一方向法院请求做出无效判决的权利。关于夫妻债务承担的问题。一般情况下,均规定夫妻双方应当对一方因行使家事代理权而产生的债务要承担连带责任,但是各国对代理权限范围认定或者债务性质认定的规定有所不同。

(二)夫妻财产关系的法律适用

关于夫妻财产关系的法律适用,各国主要采取以下几种适用规则:

1. 当事人意思自治

夫妻关系也可以视为一种特殊的契约关系,在财产方面,不少国家实行约定财产制,或者是法定财产制和约定财产制相结合。当事人既然可以约定财产关系的内容,当然可以就财产关系的法律适用进行意思自治。法国、意大利、瑞士、日本等国家采用这一原则,只不过在法律选择方式、范围上有一定的区别。

2. 当事人属人法

一些国家没有采用意思自治原则来确定夫妻财产关系的准据法,而是采用和夫妻人身关系相同或者近似的方式来确定准据法,即适用当事人属人法。代表性国家有希腊、突尼斯等。即便采用意思自治的国家,如果当事人难以达成一致意见,则也会适用属人法来确定夫妻财产关系的准据法。

3. 动产和不动产的分割适用

有些国家对夫妻财产关系的法律适用采取分割制,即不动产适用不动产所在地法,动产适用意思自治原则或者当事人的属人法来确定。这种做法有一定的优势,特别是针对不动产所做出的判决更容易得到不动产所在地国家的承认和执行,但是劣势也是显而易见的,对动产和不动产采取分割处理的方式会增加夫妻财产关系处理的难度。美国的部分州采取这种方式来确定准据法。

三、中国关于夫妻关系的法律适用

我国关于夫妻人身关系和财产关系的法律适用主要规定在《民法通则》和《法律适用法》中。其中,《民法通则》第一百四十八条规定:"扶养适用与被扶养人有最密切联系的国家的法律。"从该条规定来看,虽然没有明确为夫妻人身关系和财产关系,但是可以用来确定夫妻关系的法律适用,因为广义上的扶养自然涵盖了夫妻之间的扶养,而且夫妻间应该相互扶养是普遍接受的原则。《法律适用法》第二十三条规定:"夫妻人身关系,适用共同经常居所地法律;没有共同经常居所地的,适用共同国籍国法律。"第二十四条规定:"夫妻财产关系,当事人可以协议选择适用一方当事人经常居所地法律、国籍国法律或者主要财产所在地法律。当事人没有选择的,适用共同经常居所地法律;没有共同经常居所地的,适用共同国籍国法律。"

第三节　离婚的法律冲突与法律适用

一、离婚的法律冲突

离婚是夫妻双方依照法律规定的条件和程序解除婚姻关系的行为,这种行为会带来一系列法律后果,对于夫妻双方而言,存在是否准予离婚,在什么条件下可以离婚,离婚后的财产如何分割,离婚需要履行什么样的手续等问题;对于子女而言,离婚后谁来承担子女的抚养与监护责任;此外,离婚对家庭其他成员乃至社会都有一定的影响。基于此,各国针对上述问题的法律规定不尽相同。首先,在是否准予离婚的问题上,绝大多数国家都准许离婚,只有少数国家禁止离婚;其次,在准予离婚的理由和条件方面,有些国家明确列举了准予离婚的情形,如中国《婚姻法》第三十二条规定:"有下列情形之一,调解无效的,应准予离婚:(一)重婚或有配偶者与他人同居的;(二)实施家庭暴力或虐待、遗弃家庭成员的;(三)有赌博、吸毒等恶习屡教不改的;(四)因感情不和分居满二年的;(五)其他导致夫妻感情破裂的情形。"有些国家则没有这些规定,只是原则性地规定准予离婚的条件是夫妻感情破裂,无法共同生活;再次,在离婚的手续方面,大部分国家采用法院裁判的方式,即便夫妻双方达成一致意见,其离婚协议也需要经过法院批准,代表性国家有法国、瑞典等。但是有些国家采取协议离婚和诉讼离婚并行的方式,如果夫妻双方协商一致,则无须法院裁判批准,如中国《婚姻法》第三十一条规定:"男女双方自愿离婚的,准予离婚。双方必须到婚姻登记机关申请离婚。婚姻登记机关查明双方确实是自愿并对子女和财产问题已有适当处理时,发给离婚证。"

二、离婚的法律适用

关于涉外离婚的法律适用,主要有以下几种方式来确定准据法:

1. 适用法院地法

法院地法目前被许多国家所采用的主要理由是婚姻关系的解除和特定国家及地域的公共秩序密切关联,因此,应该适用受理案件法院所在地法的法律比较合理。

2. 适用属人法

基于离婚也涉及夫妻人身关系和财产关系,因此,适用当事人的国籍所属国法或者住所地法比较合理,欧洲大陆的很多国家以此来确定离婚案件的准据法。

3. 适用有利于离婚的法律

离婚自由化趋势越来越明显,世界上不少国家离婚率越来越高。近年来,一些国家为了适应这一趋势,放松了离婚的条件。在涉外离婚的问题上适用有利于离婚的原则,具体体现为:在确定离婚的准据法时,设定几个连结点,如果某些连结点所指向的法律不允许离婚或者给离婚施加一些限制性条件,则适用有利于解除婚姻关系的法律。

三、中国关于离婚的法律适用

中国关于离婚的法律适用主要规定在《民法通则》和《法律适用法》中。其中,《民法通则》第一百四十七条规定:"中华人民共和国公民和外国人离婚适用受理案件的法院所在地法律。"《法律适用法》第二十六条规定:"协议离婚,当事人可以协议选择适用一方当事人经常居所地法律或者国籍国法律。当事人没有选择的,适用共同经常居所地法律;没有共同经常居所地的,适用共同国籍国法律;没有共同国籍的,适用办理离婚手续机构所在地法律。"第二十七条规定:"诉讼离婚,适用法院地法律。"由此可见,《法律适用法》根据离婚的不同方式确定了不同的法律适用方法。协议离婚赋予了当事人相当大的自主选择的权利,当事人没有选择的时候,适用的是属人法或者办理离婚手续机构所在地法律,而诉讼离婚则适用法院地法律。对于《民法通则》和《法律适用法》的不同规定,《法律适用法》第五十一条进行了明确,依据《法律适用法》来确定。

第四节 父母子女关系的法律冲突与法律适用

一、父母子女关系的法律冲突

父母子女关系也称为亲子关系,包括人身关系和财产关系两个方面。根据父母与子女之间是否有血缘关系,可以把父母子女关系分为亲生父母子女关系和养父母子女关系。亲生父母子女关系中又可以根据子女出生时父母婚姻关系的状态,分为婚生子女关系和非婚生子女关系。

父母子女关系的法律冲突主要表现在以下几个方面:

1. 婚生子女和非婚生子女的法律地位不同

部分国家对婚生子女和非婚生子女赋予了不同的法律地位,通常情况下,婚生子女的地位要优于非婚生子女。但是,大部分国家已经摒弃这种做法,如在中国,根据《婚姻法》第二十五条的规定:"非婚生子女享有与婚生子女同等的权利,任何人不得加以危害和歧视。不直接抚养非婚生子女的生父或生母,应当负担子女的生活费和教育费,直至子女能独立生活为止。"

2. 婚生子女的认定依据不同

如果婚生子女和非婚生子女的法律地位是相同的,则大可不必确定婚生子女的认定依据。但是,当二者的地位有差别时,认定子女是否为婚生则非常重要。父母在婚姻关系存续期间所生的子女当然属于婚生子女,但是,夫妻关系存续期间怀孕,子女尚未出生便离婚了,此时的子女是否为婚生? 或者说,尚未结婚怀孕,婚后不久出生的孩子是否为婚生子女。这方面,各国的法律规定不尽一致。例如根据日本法律规定,自婚姻成立之日起 200 天以后或者自婚姻解除或撤销之日起 300 天以内出生的子女为婚生子女;而比利时的法律规定,子女于父母结婚 125 天以后出生而父亲在结婚前已知母亲怀孕的,该子女为婚生子女。[①]

3. 父母子女人身、财产关系的内容不同

例如,父母对子女有抚养、教育和保护的义务,但是各国在抚养、教育和保护的年限规定有所不同,主要是因为各国对于民事行为能力的规定有所不同。

二、父母子女关系的法律适用

关于父母与子女关系的法律适用,主要有以下几种适用规则:

1. 适用父母的属人法

适用父母的属人法又可区分为适用父母一方的属人法和适用父母共同的属人法,如英国有些判例采用的是生父的属人法,而意大利则规定,父母子女间的关系适用生父的本国法,没有父亲时,适用母亲的本国法。

2. 适用子女的属人法

有些国家从保护子女利益的角度出发,主张适用子女的属人法来确定父母子女关系更为合理。例如日本的《法律适用通则法》规定,亲子间的法律关系。如果子女的本国法与父的本国法或母的本国法,或如果父母一方死亡时与另一方的本国法相同,依子女本国法;在其他情况下,依子女的惯常居所地法。[②]

3. 适用有利于保护子女的法

保护弱者利益逐渐发展成为国际私法的一项基本原则,得到越来越多国家的认可。基于父母的属人法和子女的属人法可能会有不同,而且属人法在不同国家的指向也不一致,英美法系国家多指住所地法,大陆法系国家多指国籍所属国法。父母子女关系中,子女往往处于弱势地位,因此,把可能指向的法律进行利益比较,哪个对子女更为有利,就适用哪国的法律。例如奥地利、匈牙利等国规定,当父母双方的属人法不同时,应适用对子女更为有利的法律。

---

① 杜新丽.国际私法[M].2 版.北京:中国人民大学出版社,2015:183.
② 章尚锦,杜焕芳.国际私法[M].5 版.北京:中国人民大学出版社,2014:155.

以上几种适用规则既可以用来确定父母人身和财产关系,也可以用来确定婚生子女的认定以及非婚生子女的准正。如上文所述,有些国家婚生子女和非婚生子女的法律地位并不相同,于是就有了非婚生子女的准正制度,准正的方式有事后婚姻和认领。不同国家的准正方式不同,其法律冲突也可以通过上述几种方式来解决。

三、中国关于父母子女关系的法律适用

我国的《民法通则》《婚姻法》《法律适用法》等法律对婚生子女与非婚生子女的法律地位以及父母子女间的法律适用问题进行了明确。《民法通则》第一百四十八条规定:"扶养适用与被扶养人最密切联系的国家的法律。"《法律适用法》第二十五条规定:"父母子女人身、财产关系,适用共同经常居所地法律;没有共同经常居所地的,适用一方当事人经常居所地法律或者国籍国法律中有利于保护弱者权益的法律。"由此可见,我国对父母子女关系的法律适用,首先以和所有当事人联系最为密切的共同经常居所地为连结点,在没有共同经常居所地的情况下,在几个可供选择的连结点中,以有利于保护弱者权益来确定准据法。

第五节 收养的法律冲突与法律适用

一、收养的法律冲突

收养是将他人子女领养为自己子女的法律行为。收养必须符合法定的条件,既有实质方面的,也有形式方面的。实质条件一般包括如收养人的年龄、收入状况等。例如,根据我国《收养法》第六条的规定:"收养人应当同时具备下列条件:(一)无子女;(二)有抚养教育被收养人的能力;(三)未患有在医学上认为不应当收养子女的疾病;(四)年满三十周岁。"而在有些国家,收养人的年龄须满四十周岁,甚至五十周岁。为了保护被收养人的利益,部分国家对男性收养女性有年龄差距的要求,如我国《收养法》第九条的规定:"无配偶的男性收养女性的,收养人与被收养人的年龄应当相差四十周岁以上。"形式条件主

要是办理收养的一些手续。例如,我国《收养法》第十五条的规定:"收养应当向县级以上人民政府民政部门登记。收养关系自登记之日起成立。"如果是外国人收养本国子女,可能要遵循更为严格的程序。如我国于 1999 年专门颁布了《外国人在中华人民共和国收养子女登记办法》。

二、收养的法律适用

对于收养的法律适用,各国主要采用以下几种规则:

1. 适用收养人属人法

在建立收养关系的过程中,以及收养关系确立以后,收养人处于相对主动的地位,也需要履行相应的责任。因此,有些国家规定收养适用收养人的属人法,代表国家如德国。

2. 适用被收养人属人法

采用这种规则的国家认为,收养制度主要是为了保护被收养人的利益,适用被收养人属人法有利于实现这一目的。但实际情况是,有些情况下适用被收养人的属人法未必能够有效保护自身利益。因此,单纯采用这一规则的国家比较少见。

3. 分别适用收养人和被收养人属人法

收养关系既涉及收养人的利益,也关乎被收养人的利益,如果单纯适用收养人或被收养人属人法,可能会造成"跛脚收养"。基于此,有不少国家采取分别适用收养人和被收养人属人法的规则。

4. 重叠适用收养人和被收养人属人法

部分国家为了严格保护被收养人的权益,采取重叠适用收养人和被收养人属人法的规则,也就是说收养的成立、生效既要符合收养人所在国的法律,同时必须符合被收养人所在国的法律。众所周知,在一国的国际私法规范中,重叠性质的冲突规范比较少见,重叠适用主要是为了保护一些特殊的民事主体的利益,收养就是如此。

5. 适用法院地法

有些国家在收养的程序方面规定,收养的成立须当事人向法院提出申请,由法院做出宣告。因此,主张收养应该适用法院地法,如美国、瑞士等国就是如此。

需要说明的是,收养关系涉及多个方面,如收养的成立、效力、解除等,这些问题对收养当事人的实际价值和法律意义有所不同。因此,单一的法律适用规则难免存在一定的缺陷,于是有部分国家针对收养的不同方面,确定不同的法律适用规则,也算是一种"分割制",中国就是这方面的代表。

三、中国关于收养的法律适用

我国是一个人口大国,相对而言,外国人在我国收养子女比较多见,为了有效保护收养当事人的合法权益,《收养法》第二十一条规定:"外国人依照本法可以在中华人民共和国收养子女。外国人在中华人民共和国收养子女,应当经其所在国主管机关依照该国法律审查同意。收养人应当提供由其所在国有权机构出具的有关收养人的年龄、婚姻、职业、财产、健康、有无受过刑事处罚等状况的证明材料,该证明材料应当经其所在国外交机关或者外交机关授权的机构认证,并经中华人民共和国驻该国使领馆认证。该收养人应当与送养人订立书面协议,亲自向省级人民政府民政部门登记。"由此可见,对外国人在我国收养子女实行比较严格的限制。《收养法》颁布后,民政部等部门又发布了《外国人在中华人民共和国收养子女实施办法》《外国人在中华人民共和国收养子女登记办法》等部门规章。

《法律适用法》第二十八条规定:"收养的条件和手续,适用收养人和被收养人经常居所地法律。收养的效力,适用收养时收养人经常居所地法律。收养关系的解除,适用收养时被收养人经常居所地法律或者法院地法律。"对于《法律适用法》和《收养法》有所不同的地方,根据特别法优于一般法的规则,以及《法律适用法》第二条第一款的规定来处理。

第六节　扶养的法律冲突与法律适用

一、扶养的法律冲突

扶养是指在特定的亲属之间,有能力提供扶养的一方给予有需要扶养的一方以生活上的扶持和帮助,前者称为扶养人,后者称为被扶养人。扶养有广义和狭义之分,广义的扶养没有身份、辈分的区别,是抚养、赡养、扶养的统称,抚养一般指长辈对晚辈的扶助,赡养指晚辈对长辈的扶助,扶养指和平辈之间的扶助。狭义的扶养,专指夫妻之间和兄弟姐妹等平辈亲属之间相互扶助的权利义务关系。

基于各国的历史传统和现实国情不同,扶养的法律冲突在所难免。历史传统方面,扶养源于亲属关系,受一国的文化、伦理道德等因素影响较大;现实国情方面,抚养义务法定情形的确立与一国的经济发达程度和社会保障水平密切相关。此外,各国关于扶养年限、扶养费用的计算标准也不尽相同。

二、扶养的法律适用

关于扶养的法律适用规则,主要有以下几种:

1. 扶养人的属人法

该主张认为扶养关系的核心是扶养人履行一定的法律义务,适用扶养人的属人法有利于抚养义务的切实履行。

2. 被扶养人的属人法

该主张认为扶养制度的根本目的在于维护被扶养人的利益,适用被扶养人的属人法符合这一宗旨。目前,这一规则被大部分国家采用。

3. 适用扶养人与被扶养人共同的属人法

这种主张兼采扶养人和被扶养人的属人法,目的在于兼顾扶养人和被扶养人的利益,是一种比较理想的选择,但存在的问题是当扶养人和被扶养人的属人法规定不同时,依然需要进一步确定。

4. 最密切联系原则

该原则主要适用于夫妻或者兄弟姐妹等平辈之间的扶养关系,是涉外扶养法律适用规则的新近发展,特别是2007年海牙《扶养义务法律适用议定书》开始引入最密切联系原则。

三、中国关于扶养的法律适用

《民法通则》第一百四十八条规定:"扶养适用与被扶养人有最密切联系的国家的法律。"《民通意见》第一百八十九条对扶养关系中最密切联系的认定进行了明确,即扶养人和被扶养人的国籍、住所以及供养被扶养人的财产所在地,均可视为与被扶养人有最密切的联系。

《法律适用法》第二十九条规定:"扶养,适用一方当事人经常居所地法律、国籍国法律或者主要财产所在地法律中有利于保护被扶养人权益的法律。"该条体现了保护弱者权益的法律适用原则。

第七节　监护的法律冲突与法律适用

一、监护的法律冲突

监护是指依照法律规定对无行为能力人和限制行为能力人的人身和财产进行监督和保护。各国关于监护的性质、监护人的范围、监护职责、监护人资格的撤销、监护的终止等方面规定均有不同。例如,关于监护的性质,究竟是单纯的法定义务还是有一定的权利,各国有不同的规则。绝大部分国家把监护视为法定义务,监护人没有什么权利,但是,瑞士、日本等国家规定监护人享有报酬请求权。再如监护人的范围,在美国,法定监护人的范围只包括父母,但是根据中国《民法总则》的规定,监护人的范围还包括祖父母、外祖父母、兄、姐以及居民委员会、村民委员会或者民政部门。

二、监护的法律适用

关于监护的法律适用,主要采用以下几种规则确定准据法:

1. 适用被监护人属人法

和扶养相类似,监护制度主要是为被监护人的利益所设,从保护被监护人利益的角度出发,主张适用被监护人属人法。例如,《日本法例》第二十四条规定:"监护,依被监护人本国法。"《委内瑞拉国际私法》第二十六条规定:"监护及其他保护无行为能力人的制度,依无行为能力人住所地法。"①

2. 适用法院地法

主要是英国等国家,在监护问题上强调英国法院拥有管辖权,在行使管辖权的同时,适用英国法来解决涉外监护问题。

3. 适用有利于被监护人的法律

部分国家不明确设定连结点,在涉外未成年人监护问题上,以未成年人的最大利益为标准适用法律,法官在处理涉外监护案件时,应当从多个因素中予

---

① 杜新丽.国际私法[M].2版.北京:中国人民大学出版社,2015:190.

以权衡,对未成年人的保护被认为是法定应予以考虑的特定利益,采用此种规则的代表性国家为美国。

三、中国关于监护的法律适用

我国最高人民法院《关于贯彻执行〈中华人民共和国民法通则〉若干问题的意见》第一百九十条规定:"监护的设立、变更和终止,适用被监护人的本国法律。但是,被监护人在中国境内有住所的,适用中国法律。"

《法律适用法》第三十条规定:"监护,适用一方当事人经常居所地法律或者国籍国法律中有利于保护被监护人权益的法律。"

第八节　法定继承的法律冲突与法律适用

一、法定继承的法律冲突

法定继承是一种重要的继承方式,由法律直接规定继承的开始、继承人的范围、继承的顺序、继承权的丧失以及遗产分配的原则等内容。法定继承和遗嘱继承相对应,当被继承人未立遗嘱或者所立遗嘱无效的情况下,将按照法定继承来解决遗产分配问题。由于继承既涉及人身关系,又涉及财产关系,而且,继承制度和一国的风俗习惯有直接关联,各国的继承法律制度差异较大,形成了大量的法律冲突。首先,继承开始的时间不一致。各国的法律均规定,继承于被继承人死亡时开始,但各国对死亡的界定有所不同,特别在宣告死亡的时间确定上差异较大。其次,关于继承人的范围。有些国家规定的范围很宽,如在法国和德国,继承人的范围可以扩展到四亲等甚至以上;有些国家的范围较小,如中国《继承法》主要根据婚姻关系和血缘关系,把继承人的范围限定在配偶、子女、父母、兄弟姐妹以及祖父母、外祖父母。再次,继承的顺序规定不同。中国《继承法》把法定继承人分为两个顺序,第一顺序是配偶、子女和父母,第二顺序是兄弟姐妹、祖父母、外祖父母。法国和日本的继承顺序为四个,德国的为五个。① 此外,继承的份额分配也有差异。

二、法定继承的法律适用

法定继承的法律适用规则总体上来讲,首先是"单一制"和"分割制"的区分,也就是对不同的遗产确定相同的法律适用规则还是不同的法律适用规则。

单一制是指在处理遗产继承案件时,不对遗产进行区分,无论是不动产,还是动产,均适用相同的法律适用规则。具体适用规则又可以分为以下几种:一是遗产所在地法;二是适用被继承人死亡时的住所地法;三是适用被继承人的本国法。

分割制是指将继承人的遗产区分为不动产与动产,针对不同的遗产适用不同的冲突规范。通常情况下,不动产适用不动产所在地法,动产的适用规则又有一些区分,有的国家适用被继承人的最后住所地法,有的国家适用被继承人的本国法。

三、中国关于法定继承的法律适用

中国关于法定继承的法律适用规则具体规定在《民法通则》《继承法》《法律适用法》中。总体来说,中国坚持的是"分割制",上述三部法律均对不动产和动产的法律适用进行了区分。《继承法》的规定与《法律适用法》的规定不一致,依据《法律适用法》第五十一条的规定,以《法律适用法》的规定为准。

《民法通则》第一百四十九条规定:"遗产的法定继承,动产适用被继承人死亡时住所地法律,不动产适用不动产所在地法律。"《法律适用法》第三十一条规定:"法定继承,适用被继承人死亡时经常居所地法律,但不动产法定继承,适用不动产所在地法律。"

---

① 章尚锦,杜焕芳.国际私法[M].5 版.北京:中国人民大学出版社,2014:162.

第九节　遗嘱继承的法律冲突与法律适用

一、遗嘱继承的法律冲突

遗嘱继承是指继承人按照被继承人的遗嘱,继承被继承人遗产的行为。一般情况下,遗嘱继承优先于法定继承。各国关于遗嘱继承的法律冲突主要体现在以下几个方面:

一是遗嘱能力,设立遗嘱须达到一定的年龄,符合年龄条件所立的遗嘱方为有效,否则,所立的遗嘱可能无效。

二是遗嘱的内容,主要是指遗嘱人能够在多大范围自由处分其个人财产,部分国家规定了特留份制度,即要求立遗嘱人在立遗嘱时应当对缺乏劳动能力又没有生活来源的继承人保留必要的份额。也有的国家规定的范围更大一些,要求给配偶、未成家的子女也要留有一定的份额。

三是遗嘱的形式。遗嘱的形式关乎遗嘱的有效性,根据中国《继承法》的规定,遗嘱有自书遗嘱、代书遗嘱、录音遗嘱、口头遗嘱、公证遗嘱等形式。在有些国家,不认可录音遗嘱的效力,另有些国家不承认代书遗嘱的效力。

二、遗嘱继承的法律适用

关于遗嘱继承的法律适用,不同的方面形成了不同的法律适用规则。

1. 遗嘱能力

一般适用当事人的属人法,既包括当事人的国籍所属国法,也包括当事人的住所地法。时常出现的一个问题当立遗嘱人在立遗嘱时的国籍和住所与其死亡时的国籍和住所不一致时,究竟如何确定其属人法。有的主张适用立遗嘱时的属人法,如英国、意大利等国;有的主张适用死亡时的属人法,如美国;还有的国家则更为灵活,符合立遗嘱时或者死亡时的其中之一均为有效,如中国。

2. 遗嘱内容

一般也是适用当事人属人法,同遗嘱能力的法律适用相类似,也存在适用属人法的时间节点问题,即究竟适用立遗嘱时的属人法,还是死亡时的属人法。

对此,各国规定不尽相同,有的采用立遗嘱时的属人法,如日本、波兰等国;有的采用死亡时的属人法,如英国、法国等;还有的符合其中任何一个,均为有效,如阿根廷、中国等国。

3. 遗嘱形式

一般适用的是当事人的属人法或者行为地法。各国对于遗嘱方式的法律适用逐渐倾向于灵活,即只要符合立遗嘱人住所地法律、国籍国法律或者遗嘱行为地法律的,均为有效。1961 年的《遗嘱处分方式法律冲突公约》也集中反映了这一趋势。

三、中国关于遗嘱继承的法律适用

中国的《民法通则》《继承法》都没有对遗嘱继承的法律适用做出明确规定。《法律适用法》对遗嘱方式、遗嘱效力的法律适用进行了明确,其第三十二条规定:"遗嘱方式,符合遗嘱人立遗嘱时或者死亡时经常居所地法律、国籍国法律或者遗嘱行为地法律的,遗嘱均为成立。"第三十三条规定:"遗嘱效力,适用遗嘱人立遗嘱时或者死亡时经常居所地法律或者国籍国法律。"由此可见,中国对于涉外遗嘱继承的法律适用采取的是较为灵活的方式,通过设定多个连结点来尽量认可遗嘱的合法性。

第十节　无人继承财产的法律冲突与法律适用

一、无人继承财产的法律冲突

无人继承财产,也称之为绝产。当一个人没有合法的继承人,或者合法继承人均放弃继承权的时候,其死后的遗产如何处理。一般情况下,各国法律都规定无人继承的财产归国家所有,只不过所认可的理论根据有所不同。

无人继承财产的法律冲突主要体现在两个方面:一是无人继承财产的认定,各国关于继承人的范围、特留份等规定不同,就会出现依据甲国法,该财产为无人继承的财产,而依据乙国法,则可能不属于无人继承的财产,最典型的案例就是 1878 年发生在法国的"福果案"。二是无人继承财产的归属问题,大部分国家都收归国有,只不过有的归中央政府,有的也可归属于地方政府或者学校、慈善机构等社会公益组织。

二、无人继承财产的法律适用

关于无人继承财产的法律适用规则,主要有以下两种规则:

一是被继承人的属人法。不论是无人继承财产的认定,还是无人继承财产的归属,都可以适用被继承人的属人法来确定其法律适用。

二是适用财产所在地法。采用此种规则的国家一般以"先占取得"为理论依据,认为无人继承的财产应该适用财产所在地法来确定其法律适用,这样做也可以避免对动产和不动产分别加以处理,代表国家有奥地利、秘鲁等国。

三、中国关于无人继承财产的法律适用

关于无人继承财产的法律适用,《继承法》《民法通则》均没有明确规定。最高人民法院《关于贯彻执行〈中华人民共和国民法通则〉若干问题的意见》第一百九十一条规定:"在我国境内死亡的外国人,遗留在我国境内的财产如果无人继承又无人受遗赠的,依照我国法律处理,两国缔结或者参加的国际条约另有规定的除外。"照此规定,如果和我国缔结或者共同参加国际条约的,按照条约规定处理,没有的话,依照我国法律处理。

《法律适用法》第三十五条规定:"无人继承遗产的归属,适用被继承人死亡时遗产所在地法律。"

第七章
拓展阅读

第七章
案例分析

第八章　物权法律冲突与法律适用

知识脉络图

物权及其法律冲突 {物权与涉外物权 / 涉外物权的法律冲突

物之所在地法 {物之所在地法原则的产生 / 物之所在地法原则的理由 / 物之所在地的确定及物之所在地法原则的例外 / 中国关于物权法律适用的规定

国有化及其补偿 {国有化及其域外效力 / 国有化的条件与补偿 / 中国有关国有化的规定

第一节　物权及其法律冲突

一、物权与涉外物权

(一)物权的概念

物权是指权利人依法对特定的物享有直接支配和排他的权利。物权的基本特征在于其权利主体是特定的人,义务主体是不特定的,因此,也称之为对世权。物权这一概念最先由《德国民法典》予以规定,除了所有权之外,还规定了地上权、抵押权等多种类型的权利。① 根据我国《物权法》第二条的规定,物权

---

① 韩德培.国际私法新论:上[M].武汉:武汉大学出版社,2009:239.

是指权利人依法对特定的物享有直接支配和排他的权利,包括所有权、用益物权和担保物权。

(二)涉外物权的界定

顾名思义,涉外物权就是指在物权法律关系中,主体、客体及内容中只要有一项涉外因素,就可认定为涉外物权。如中国某公司向外国银行申请贷款,把公司所拥有的厂房向外国银行进行抵押,所形成的抵押法律关系就具有涉外因素。

二、涉外物权的法律冲突

由于各国在政治、经济、文化及历史传统等方面存在差异,导致各国的物权法律制度有所不同,就会形成涉外物权的法律冲突,主要体现在以下几个方面:

第一,物权的主体。一般情况下,各国的法律均对物权的主体没有什么限制,自然人、法人或者组织均可以对各种类型的物拥有所有权,但是在有些国家有所限制。在很多国家私人可以对土地拥有所有权,但也有个别国家,私人是不能拥有土地所有权的,如在我国,土地属于国家或者集体所有。此外,有些国家对外国人有一些限制,如在挪威,外国人不能取得房屋的所有权,而只能取得房屋租赁权。[①]

第二,物权的客体。物权的客体可以分为不动产和动产,但是各国在不动产与动产的划分上有所不同。一般来说,土地及地上附着物均为不动产,但是对于池塘中的鱼、蜜蜂的蜂房、临时展览用房等物品的属性界定不同,法国、奥地利等国的范围较大,德国、日本等国的范围较小。

第三,物权的种类。各国对物权的种类划分有所不同。例如,1804 年的《法国民法典》规定了所有权、役权和担保权三大类。而 1900 年《德国民法典》规定的物权包括所有权、地上权、役权、先买权、土地负担、抵押权、土地债务、定期金债务、动产质权和权利质权等 10 类。[②] 根据我国《物权法》的规定,所有权分为国家所有权、集体所有权和私人所有权。他物权分为用益物权和担保物权,用益物权又可分为土地承包经营权、建设用地使用权、宅基地使用权、地役权等;担保物权又可分为抵押权、质权和留置权。即便同一种类的物权,其具体内容也可能存在差异,如同样是抵押权,但是在抵押权的登记、行使期间、实现等方面的具体规定有所不同。

---

① 杜新丽.国际私法[M].2 版.北京:中国人民大学出版社,2015:214.
② 韩德培.国际私法新论:上[M].武汉:武汉大学出版社,2009:245.

第四,物权的变动。物权的变动涵盖了物权的取得、变更和消灭。物权的变动源于特定的法律行为,不同的国家对物权变动法律行为的效力规定不同。如有的国家仅需当事人的意思表示一致即可,不需要进行登记或者交付,即便要求登记或者交付也只是用以对抗第三人,其效力对双方当事人没有影响。有的国家则要求动产需完成交付,不动产则需要登记,否则,不发生物权变动的效力。

第五,物权的保护。各国法律针对物权的保护方法规定差异较大,我国《物权法》规定的主要方法有请求确认权利、返还原物、排除妨害或者消除危险、恢复原状、损害赔偿等。侵害物权,除承担民事责任外,违反行政管理规定的,依法承担行政责任;构成犯罪的,依法追究刑事责任。德国和一些英美法系国家对物权保护方法的规定更为细致、全面。

第二节　物权法律适用的原则——物之所在地法

一、物之所在地法原则的产生

物之所在地法原则是解决物权法律冲突的一项基本原则,不仅历史悠久,而且被世界各国的立法和司法实践所普遍接受。物之所在地法原则的产生几乎和国际私法是相伴随的,始于13、14世纪意大利的法则区别说。"国际私法之父"巴托鲁斯主张把物权分为动产物权和不动产物权,把不动产物权归入"物法",适用物之所在地法,把动产物权归入"人法",适用当事人的属人法。此后,不动产适用不动产所在地法被世界各国所一致认可,较早时期的《法国民法典》《意大利民法典》都对此做出明确规定。随着生产力的不断进步,人们所持有和交易的动产呈现种类增多、价值增大、占比增加、分布广泛等态势,继续坚持"动产随人"的规则显得不合时宜,适用当事人属人法处理动产物权方面的涉外纠纷,往往会受到动产所在地国家的抵触。基于此,大抵在19世纪以后,不少国家将不动产与动产的法律适用原则统一为物之所在地法。需要说明的是,动产物权适用物之所在地法成为一项原则的同时,遇到了有些动产在特定情况下难以确定其所在地,或者说所确定的地方在法律适用方面没有意义,于是许多国家又规定了一些例外规则。

二、物之所在地法原则的理由

物之所在地法作为解决物权法律冲突的一个主导原则,在实践中被广泛采用,学者们一直试图从不同的视角对其进行理论上的证明,提出的理论依据有:

1. 主权说

主权说认为一国对其境内的人和物都有管辖权,有权拒绝外国法适用于本国境内的物。物权关系适用物之所在地法体现了国家主权原则,是主权不可分割的体现。该学说的代表人物有法国学者梅兰,德国学者齐特尔曼和弗兰根斯坦。

2. 法律关系本座说

法律关系本座说是19世纪德国著名的法学家萨维尼提出来的,他认为物权法律关系的"本座"就应该是物之所在地。任何关于物的占有、使用、处分的法律关系,均应该受物之所在地国家法律的支配。

3. 利益需要说

利益需要说认为法律是社会利益的调节器,物权关系适用物之所在地法是维护社会利益的需要,如果物权的取得和利用不受物之所在地法支配,将会使得物权关系处于不确定的状态,进而影响社会的整体利益。

三、物之所在地的确定及物之所在地法原则的例外

(一)物之所在地的确定

物之所在地法作为物权法律适用的一项基本原则,在具体案件的处理中,需要确定物所存在的地方。对于不动产和大部分有体动产来说,确定其物理存在地点比较容易,但是对于有些有体动产来说,确定其所在地有困难,如处于运输过程中的物。如果运输工具处于公海或者公海上空,即便能够确定其物理存在地点,也无法找到准据法。因此,物之所在法并不能够合理解决所有与物权有关的法律冲突,在特殊情况下,需要依据其他冲突规范来确定准据法。

(二)物之所在地法原则的例外

1. 运输工具

涉外交往中的物品交易离不开运输,主要的运输工具是民用航空器和轮船。运输工具本身时常会遇到物权法律适用问题,如船舶抵押权、船舶优先权等。基于运输工具在运动过程中难以确定其所在地,特别是当它们行驶在公海

上时,其所在地没有可供适用的法律,这种情况下,依据物之所在地法就不合时宜了。此时,一般适用船舶、民用航空器的注册登记地法或者旗国法。

2. 运输中的物

运输中的物和运输工具一样,也处于难以确定的状态,因此,运输中的物也不适合适用物之所在地法。在实践中,有些国家适用物品起运地法,有些国家适用物品运送目的地法,还有的适用物品所有人本国法。

3. 遗产继承

遗产继承也涉及物权的变动,绝大多数国家采用分割制,即对于不动产和动产分别规定其法律适用,不动产适用不动产所在地法,当然是物之所在地法的运用,但是对于动产继承,则一般适用被继承人死亡时住所地法。也就是说,在涉外继承法律关系中,物之所在地法也有例外的情况。

除上述几种情况之外,还有一些物权关系,也不适合用物之所在地法来确定准据法,如外国法人终止时的财产处理,无主土地上的物、国家财产、文化财产等。随着人类活动空间的拓展、物权关系的日趋复杂、新型财产关系的出现,物之所在地法的适用还可能会有一些新的变化,物之所在地法的例外情况也可能增加。

四、我国关于物权法律适用的规定

我国关于物权法律适用的规定,同样体现了以物之所在地法为原则,同时针对一些特殊的物做了例外规定。

(一)物之所在地法的相关规定

物之所在地法作为确定涉外物权法律适用的基本原则,主要规定在《民法通则》及其实施意见,以及《法律适用法》中。《民法通则》第一百四十四条规定:"不动产的所有权,适用不动产所在地法律。"《最高人民法院关于贯彻执行〈中华人民共和国民法通则〉若干问题的意见(试行)》第一百八十六条规定:"土地、附着于土地的建筑物及其他定着物、建筑物的固定附属设备为不动产。不动产的所有权、买卖、租赁、抵押、使用等民事关系,均应适用不动产所在地法律。"《法律适用法》第三十六条规定:"不动产物权,适用不动产所在地法律。"《法律适用法》第三十七条规定:"当事人可以协议选择动产物权适用的法律。当事人没有选择的,适用法律事实发生时动产所在地法律。"

(二)物之所在地法原则的例外规定

物之所在地法原则的例外规定主要针对运输中的物、有价证券、权利质权以及船舶、民用航空器等特殊的物,相关规定分别体现在《法律适用法》《海商法》《民用航空法》中。《法律适用法》第三十八条规定:"当事人可以协议选择运输中动产物权发生变更适用的法律。当事人没有选择的,适用运输目的地法律。"第三十九条规定:"有价证券,适用有价证券权利实现地法律或者其他与该有价证券有最密切联系的法律。"第四十条规定:"权利质权,适用质权设立地法律。"《海商法》第二百七十条规定:"船舶所有权的取得、转让和消灭,适用船旗国法律。"第二百七十一条规定:"船舶抵押权适用船旗国法律。船舶在光船租赁以前或者光船租赁期间,设立船舶抵押权的,适用原船舶登记国的法律。"第二百七十二条规定:"船舶优先权,适用受理案件的法院所在地法律。"《民用航空法》第一百八十五条规定:"民用航空器所有权的取得、转让和消灭,适用民用航空器国籍登记国法律。"第一百八十六条规定:"民用航空器抵押权适用民用航空器国籍登记国法律。"第一百八十七条规定:"民用航空器优先权适用受理案件的法院所在地法律。"

第三节　国有化及其补偿

一、国有化及其域外效力

国有化通常指的是将私人财产国有化,也就是把私人财产收归国家所有的行为。这里的私人既包括自然人,也包括法人与组织。既可以针对本国人的财产,也可能涉及外国人的财产。根据私人主体的国籍和财产所在地来划分,国有化通常会出现以下三种情况:一是针对本国人在本国境内的财产;二是针对外国人在本国境内的财产;三是针对本国人在本国境外的财产。前两种情况称之为国有化的域内效力,第三种情况称之为国有化的域外效力。对于第一种情况,国家在特定情况下通过颁行国有化法令,把本国人的私人财产收归国有,不存在法律上的障碍,因为任何主权国家都有权对本国人在本国境内的财产采取国有化措施,这是国际公认的准则。对于第二种情况,即对于外国人在本国境内的财产可否采取国有化措施,则存在较大的争议,如果一国强行对外国人的财产采取国有化措施,则该外国为了保护本国人的利益可能会采取报复性措施,这不利于国家之间的正常往来。对于第三种情况,各国在理论上和实践中也存在不同的主张。原本很多国家依照禁止没收外国人财产的国际习惯拒绝承认。近年来,随着基于国家之间的相互合作,倾向于在一定条件下承认国有化措施的效力。但是对于承认的条件以及补偿方式等方面存在较大分歧,凡此种种问题既需要国家之间进行协商,也需要特定国家在做出国有化措施的决定以及补偿方面采取克制和理性的态度。

二、国有化的条件与补偿

尽管各国原则上承认国有化措施的域外效力,但是部分国家又设定了一些例外条件。通常有以下几个:①公共秩序保留,即以公共秩序保留为由来否认外国的国有化措施的效力,一些国家通常把私有财产神圣不可侵犯作为公共秩序的基本要求,国有化措施和这一原则相矛盾,因此,不予承认其域外效力。②程序是否合法,通常要求所采取的措施要公开透明,且不存在歧视。③补偿情况,如果补偿不及时、不充分,也会导致一国拒绝承认他国国有化措施的效力。

不同国家对国有化补偿问题的态度大相径庭,主要体现在发达国家和发展中国家存在较为尖锐的对立。发达国家历来主张,一国如果采取国有化措施,必须给予私人以"充分、及时、有效"的补偿;而发展中国家则一贯坚持给予"适当、合理"的补偿。

三、中国有关国有化的规定

中国有关国有化的法律规定在国内立法和国际条约方面均有体现。国内立法中分别在《宪法》《物权法》《外资企业法》《中外合资经营企业法》《台湾同胞投资保护法》以及《外商投资法》等法律中有所规定。

《宪法》第十条第三款规定:"国家为了公共利益的需要,可以依照法律规定对土地实行征收或者征用并给予补偿。"

《物权法》第四十二条第一款规定:"为了公共利益的需要,依照法律规定的权限和程序可以征收集体所有的土地和单位、个人的房屋及其他不动产。"

《外资企业法》第五条规定:"国家对外资企业不实行国有化和征收;在特殊情况下,根据社会公共利益的需要,对外资企业可以依照法律程序实行征收,并给予相应的补偿。"

《中外合资经营企业法》第二条第三款规定:"国家对合营企业不实行国有化和征收;在特殊情况下,根据社会公共利益的需要,对合营企业可以依照法律程序实行征收,并给予相应的补偿。"

《台湾同胞投资保护法》第四条规定:"国家对台湾同胞投资者的投资不实行国有化和征收;在特殊情况下,根据社会公共利益的需要,对台湾同胞投资者的投资可以依照法律程序实行征收,并给予相应的补偿。"

《外商投资法》第二十条规定:"国家对外国投资者的投资不实行征收。在特殊情况下,国家为了公共利益的需要,可以依照法律规定对外国投资者的投资实行征收或者征用。征收、征用应当依照法定程序进行,并及时给予公平、合理的补偿。"

国际条约方面,中国先后与一百多个国家和地区签订了双边投资保护协定。在双边投资协定中,一般都会在国有化问题上确定以下基本规则:一是原则上不实行国有化;二是在特殊情况下,如果实行国有化或者类似措施,均会给予补偿,该补偿不会无故拖延,补偿数额等同于被征收财产的实际价值;三是如果外国私人主体对补偿有争议,可以通过诉讼、仲裁等途径解决。

第八章
拓展阅读

第八章
案例分析

第九章　债权法律冲突与法律适用

知识脉络图

合国之债的法律冲突与法律适用 ┤ 合同之债的法律冲突
合同之债的法律适用
中国关于合同之债的法律适用

侵权之债的法律冲突与法律适用 ┤ 侵权之债的法律冲突
侵权之债的法律适用
中国关于侵权之债的法律适用

不当得利与无因管理之债的法律
冲突与法律适用 ┤ 不当得利与无因管理之债的法律冲突
不当得利与无因管理之债的法律适用
中国关于不当得利与无因管理之债的法律适用

第一节　合同之债的法律冲突与法律适用

所谓债,是指按照合同的约定或法律规定,在当事人之间产生的特定的权利和义务关系。根据债产生的原因,通常把债分为意定之债和法定之债。意定之债主要是合同之债,法定之债主要包括侵权、不当得利与无因管理。本章主要就以上四种债的法律冲突与法律适用进行梳理总结。

一、合同之债的法律冲突

合同是当事人设立、变更或消灭某种民事权利义务关系的协议。合同争议在涉外民事纠纷中占据重要地位,合同方面的法律冲突源远流长,其法律适用的原则也几经变化。合同关系有多个要素,既有当事人的缔约能力,也有合同

的成立、生效以及违约救济等多个方面,各国在这些方面的规定有所不同,形成了多方面的法律冲突,具体分析如下:

第一,当事人的缔约能力。各国关于合同当事人缔约能力的规定不尽相同。一般来说,合同当事人如果是自然人,其缔约能力就是各国关于自然人民事行为能力的规定,主要以年龄和精神智力状况来确定;如果当事人是法人或组织,其缔约能力体现为各国对法人或组织资格、条件的规定。例如在中国,自然人的缔约能力需满足年满十八周岁,即要求他是完全民事行为能力人;八周岁以上的未成年人为限制民事行为能力人,可以进行一些和他的民事行为能力相适应的民事活动;不满八周岁的未成年人为无民事行为能力人,不能具备合同缔约能力。但是在有些国家,自然人的民事行为能力的年龄划分和中国有所不同。

第二,合同的成立。合同是当事人意思表示一致的结果,其意思表示的过程分为要约和承诺两个阶段,一般情况下,承诺生效后合同即可成立。但是,承诺生效的时间起算有"投邮主义"和"到达主义"的区分,这就会在合同成立方面形成法律冲突。此外,在互联网情境下,利用数据电文的方式来订立合同时,各国关于合同成立的时间、地点的规定也不尽相同。

第三,合同的生效。一般来说,各国在规定合同生效要件的同时,会进一步明确无效合同和可撤销合同的类型。对于无效合同和可撤销合同所规定的类型会有差别。如买卖合同中,在有些国家,枪支可以成为买卖合同的标的,但是在有些国家,会认为枪支买卖违反了社会的公共利益和法律、行政法规的强制性规定,会把枪支的买卖认定为无效合同。

第四,违约救济。关于合同的违约救济,在违约的类型划分、责任承担等方面规定不同。如有些国家把违约分为根本违约和非根本违约,而有些国家则把违约分为重大违约和轻微违约,即便划分类型相同的国家,在具体类型认定方面也会有所不同。关于违约的责任承担,各国在承担方式及其具体要求方面有所不同。一般来说,违约责任的承担方式分为继续履行、采取补救措施、赔偿损失、违约金或者定金等。各国在每一种责任承担的具体要求方面会有差别。

二、合同之债的法律适用

(一)合同之债的法律适用的历史沿革

从历史发展的角度来看,合同之债的法律适用规则大体上经历了以下几个阶段：

第一，客观标志阶段。客观标志又称为"客观论"或"合同场所化理论"。这一阶段主要以合同缔结地这一客观标志来确定合同准据法。从意大利的法则区别说开始，一直持续到 19 世纪初，绝大部分国家采用合同缔结地法。虽然 16 世纪意思自治原则的提出给合同法律适用提供了新的思路和选择，但基于采用合同缔结地这一客观标志有可预见和确定性的特点，客观标志原则在合同法律适用中还是占据主导地位。客观标志除了合同缔结地之外，还有合同履行地、当事人的国籍和住所、标的物所在地等。

第二，意思自治阶段。意思自治又称为"主观论"或"意向论"，意思自治原则是指合同当事人可以通过协商一致的意思表示自由选择支配合同准据法的一项法律适用原则。这一原则比较古老，14 世纪意大利的学者就提出过这个观念，但其受到广泛关注则是法国的杜摩兰再次提起之后，目前已被国际社会普遍接受，尤其在 19 世纪下半叶至 20 世纪上半叶，意思自治原则占据主导地位。这一原则之所以能被广泛接受，除了它具有确定性、一致性、可预见性及易于解决争议的优点外，还有更为深刻的原因：一是资本主义自由经济的发展为意思自治原则的产生提供了社会基础；二是当时盛行的平等、自由思想为意思自治原则的产生奠定了思想基础；三是私法上的契约自由和私法自治原则必然要求法律适用领域有与之配套的制度，这就使意思自治原则受到极大推崇。

第三，合同自体法阶段。实践表明，单纯依靠合同缔结地等客观标志来确定合同的法律适用有一些弊端，但是仅凭当事人意思自治原则来确定合同准据法也存在一些问题，最明显的一点就是有些时候当事人难以就合同法律适用达成一致意见。于是，就有人提出把二者结合起来，以意思自治原则为主，以最密切联系原则为补充来确定合同准据法，这就是所谓的合同自体法。20 世纪中期以后，绝大部分国家认可这一法律适用原则。

（二）合同之债的法律适用的理论纷争

1. 主观论和客观论

"主观论"认为在合同中当事人既然有权按照自己的意志和协议创设某种权利义务，他们当然有权选择适用于他们之间的合同的法律。"客观论"认为合同的有效成立及效力是与一定的场所相联系的，因而合同应适用何国法律不能根据当事人自己的选择，而应根据合同与一国或哪几种因素有最密切联系的客观标志来确定。目前，人们倾向于在主观论的基础上，吸收客观的合理成分，将二者结合起来确定合同的准据法。

2. 单一论和分割论

"单一论"与"分割论"的对立主要体现在两个方面:一是对于同一合同来说,"单一论"主张对整个合同适用同一法律,"分割论"主张不同的方面适用不同的法律;二是对于不同性质的合同,"单一论"主张不分类型,统一确定其准据法,而"分割论"主张适用不同的法律。目前来看,"分割论"被大部分国家所采用,在这些国家,关于合同的缔约能力,一般适用属人法或者合同签订地法;关于合同的形式,一般适用合同签订地法或者设定多个连结点选择适用;关于合同的成立,一般适用合同签订地法;关于合同的内容和效力,一般以意思自治原则为主,最密切联系原则为辅。

(三) 合同之债的法律适用的基本原则

1. 当事人意思自治原则

当事人意思自治原则,是指合同当事人可以通过协商一致的意思表示自由选择支配合同准据法的一项法律选择原则。这一原则目前已被国际社会普遍接受。当然,意思自治原则并不是意味着当事人完全不受任何约束,而是在选择的方式、对象、范围、时间等方面,各国均或多或少地有一些限制。

2. 最密切联系原则

最密切联系原则是指合同应适用的法律应该在经济意义或其他社会意义上集中于某一国家的法律,它注重的是法律关系与地域的联系。最密切联系是个弹性较大的概念,增强了法律适用的灵活性,有利于国际交往和公正合理地对待当事人的利益,但也给法官以较大的自由裁量权,易于导致主观随意性。目前,许多国家采用以合同的特征性履行作为确定最密切联系的客观依据。特征性履行方法是在国际合同的当事人未选择适用于合同的法律时,根据合同的特殊性质确定合同法律适用的一种理论和方法。

三、中国关于合同之债的法律适用

我国关于合同法律适用的规定主要体现在《合同法》第一百二十六条和《法律适用法》第四十一至四十三条中。《合同法》第一百二十六条规定:"涉外合同的当事人可以选择处理合同争议所适用的法律,但法律另有规定的除外。涉外合同的当事人没有选择的,适用与合同有最密切联系的国家的法律。"《法律适用法》第四十一条规定:"当事人可以协议选择合同适用的法律。当事人没有选择的,适用履行义务最能体现该合同特征的一方当事人经常居所地法律或者其他与该合同有最密切联系的法律。"由此可见,我国与世界上大多数国家一样,明确以意思自治原则为合同法律适用的主要原则,最密切联系原则是补充适用的。

需要说明的是,我国对当事人意思自治在法律选择的方式、范围等方面有一定的限制。在选择的方式上,要求是明示选择,既可以在合同中订立法律选择条款,也可以在法律文书中援引相同国家法律且未提出异议。在选择的范围上,《合同法》第一百二十六条第二款明确了在我国境内履行的三类合同只能适用中国法律,即"在中华人民共和国境内履行的中外合资经营企业合同、中外合作经营企业合同、中外合作勘探开发自然资源合同,适用中华人民共和国法律。"此外,如果当事人所选择的法律有违反中华人民共和国社会公共利益或中华人民共和国法律、行政法规强制性规定的情形,所选择的法律也是无效的。《最高人民法院关于适用〈法律适用法〉若干问题的解释(一)》第十条规定:"有下列情形之一,涉及中华人民共和国社会公共利益、当事人不能通过约定排除适用、无须通过冲突规范指引而直接适用于涉外民事关系的法律、行政法规的规定,人民法院应当认定为涉外民事关系法律适用法第四条规定的强制性规定:(一)涉及劳动者权益保护的;(二)涉及食品或公共卫生安全的;(三)涉及环境安全的;(四)涉及外汇管制等金融安全的;(五)涉及反垄断、反倾销的;(六)应当认定为强制性规定的其他情形。"

此外,《法律适用法》对消费者合同和劳动合同做了特殊规定。第四十二条规定:"消费者合同,适用消费者经常居所地法律;消费者选择适用商品、服务提供地法律或者经营者在消费者经常居所地没有从事相关经营活动的,适用商品、服务提供地法律。"第四十三条规定:"劳动合同,适用劳动者工作地法律;难以确定劳动者工作地的,适用用人单位主营业地法律。劳务派遣,可以适用劳务派出地法律。"这两类合同之所以作为例外,专门确定其法律适用规则,主要是为了更为有效地保护消费者和劳动者的利益,相比较而言,这二者处于弱势地位,如果任由他们和经营者与用人单位自由选择,很可能会受到后者的压力而被动选择对其不利的法律。这也可以视为是国际私法中保护弱者利益原则的体现。

第二节　侵权之债的法律冲突与法律适用

一、侵权之债的法律冲突

侵权之债，一般是指由于加害人实施了不法侵害他人人身或者财产的行为，并给受害人造成了损害，根据法律规定，加害人要承担一定的损害赔偿责任。基于此，侵权之债是法定之债的一种类型。各国关于侵权之债的法律规定有较大差异，主要体现在以下几个方面：

第一，侵权行为的构成要件。各国的法律和司法实践对侵权行为构成要件的规定各不相同。有的国家规定了三个要件，分别是当事人的主观过错、损害后果和过错行为与损害后果之间具有因果联系；有的国家规定了四个要件，分别是加害人的主观过错、加害行为的违法行为、损害后果以及加害行为和损害后果之间的因果联系；还有的国家规定了五个要件，在上述四要件的基础上，增加了加害人的责任能力。由此可见，各国关于侵权构成要件的不同，会直接导致在侵权行为认定及责任承担方面形成法律冲突。

第二，侵权损害赔偿的原则、数额以及计算方法。关于损害赔偿的原则，有惩罚性赔偿和补偿性赔偿两大类型。依据惩罚性赔偿，赔偿数额超出实际损害数额，除了对受害人造成的损失进行弥补之外，对加害人进行加重处罚，以达到惩戒和防止再犯的目的。补偿性赔偿则是赔偿数额以实际损害数额为准，仅仅是弥补受害人的损失。如果赔偿原则不同，一般来说，赔偿数额及其计算就会大不一样，当然，有些情况下，即便两个国家奉行相同的赔偿原则，由于经济发达程度等方面因素的影响，赔偿数额及其计算也会不同，一般来说，经济发达程度和赔偿数额是正相关的关系。

二、侵权之债的法律适用

关于侵权之债的法律适用，主要有以下几种规则：

一是适用侵权行为地法。侵权行为适用侵权行为地法是一条传统的法律适用规则，从意大利巴托鲁斯的"法则区别说"开始，一直得到各国的普遍认可,完全契合"场所支配行为"的法律适用原则。这一规则的具体适用也还有一些争议,主要是各国对"侵权行为地"这一连结点的界定不同,有侵权行为发生地和侵权结果发生地之分。有些国家界定为侵权行为发生地,如法国;有的国家界定为侵权结果发生地,如美国;还有的国家既可以指侵权行为地,也可以是侵权结果发生地,如中国。

二是适用法院地法。侵权行为适用法院地法更多的是学者们的一种理论主张,实践中采用这一规则的国家非常少见。这一主张的提出者是德国学者韦希特尔,后得到萨维尼、柯里等人的支持,主要理由是侵权行为的认定和侵权责任的承担和刑事责任比较接近,有一定的公法因素和强行法性质,也应该像刑事法律一样适用法院地法。但是如果适用法院地法会带来一些问题,主要是可能导致当事人挑选法院而使得法律适用的不确定,而且不便于进行调查取证。

三是重叠适用侵权行为地法和法院地法。虽然单独适用法院地法并没有得到许多国家的认可,但是以英国为代表的一些国家坚持"双重可诉原则"被很多国家效仿,即一国法院受理侵权案件后,只有在侵权行为地和法院地均认为是该行为符合侵权的构成要件时,才作为侵权案件处理。我国的《民法通则》也认可"双重可诉原则",其第一百四十六条规定:"侵权行为的损害赔偿,适用侵权行为地法律。当事人双方国籍相同或者在同一国家有住所的,也可以适用当事人本国法律或者住所地法律。"该条第二款规定:"中华人民共和国法律不认为在中华人民共和国领域外发生的行为是侵权行为的,不作为侵权行为处理。"不过,《法律适用法》通过后,明确了《民法通则》第一百四十六条不再适用。也就是说,我国关于侵权的法律适用不再考虑法院地法的规定了。

四是当事人共同的属人法。如果侵权行为的加害人和受害人同属于一个国家或者在相同的国家有住所,则可以适用当事人共同的属人法。该适用规则既体现了案件和特定国家的密切联系,也能够有利于当事人接受判决结果且便于判决的有效执行。

五是适用当事人意思自治和最密切联系地法。20 世纪以来,随着国际私法理论的变革和完善,特别是受到合同领域"合同自体法"的影响,当事人意思自治原则和最密切联系原则在侵权等领域得到了扩展适用。该法律适用规则的优点是显而易见的,就是通过设定比较灵活的连结点来赋予法官以较大的自由裁量权,以实现对个案公平合理的解决,但是,这又会导致法官可能借助这一灵活的规则恣意裁判,增加法律适用的不确定性。需要通过完善相关立法和司法规则,在稳定和灵活之间取得某种平衡。

三、中国关于侵权之债的法律适用

中国关于侵权之债的法律适用主要规定在《法律适用法》《海商法》《民用航空法》中。其中，《法律适用法》规定了侵权责任适用的一般规则，《法律适用法》第四十四条规定："侵权责任，适用侵权行为地法律，但当事人有共同经常居所地的，适用共同经常居所地法律。侵权行为发生后，当事人协议选择适用法律的，按照其协议。"由此可见，在我国，首先尊重当事人的意愿，其次在当事人有共同经常居所地的情况下，适用共同经常居所地法律，再次适用侵权行为地法。这是一种有条件选择的法律适用规范。此外，《法律适用法》对产品侵权和人格侵权作了特别规定。第四十五条规定："产品责任，适用被侵权人经常居所地法律；被侵权人选择适用侵权人主营业地法律、损害发生地法律的，或者侵权人在被侵权人经常居所地没有从事相关经营活动的，适用侵权人主营业地法律或者损害发生地法律。"第四十六条规定："通过网络或者采用其他方式侵害姓名权、肖像权、名誉权、隐私权等人格权的，适用被侵权人经常居所地法律。"对于产品责任和人格侵权这两种特殊的侵权案件，适用被侵权人经常居所地法律主要是为了保护受害人的利益，在这些案件中，受害人处于明显的弱者地位，也体现了保护弱者利益的基本原则。

基于海上侵权和空中侵权的特殊性，《海商法》和《民用航空法》做了专门的规定。《海商法》第二百七十三条规定："船舶碰撞的损害赔偿，适用侵权行为地法律。船舶在公海上发生碰撞的损害赔偿，适用受理案件的法院所在地法律。同一国籍的船舶，不论碰撞发生于何地，碰撞船舶之间的损害赔偿适用船旗国法律。"第二百七十四条规定："共同海损理算，适用理算地法律。"第二百七十五条规定："海事赔偿责任限制，适用受理案件的法院所在地法律。"《民用航空法》第一百八十九条规定："民用航空器对地面第三人的损害赔偿，适用侵权行为地法律。民用航空器在公海上空对水面第三人的损害赔偿，适用受理案件的法院所在地法律。"根据特别法优于一般法的基本原理和《法律适用法》第二条的规定："涉外民事关系适用的法律，依照本法确定。其他法律对涉外民事关系法律适用另有特别规定的，依照其规定。"因此，针对海上侵权和空中侵权的涉外案件，应该首先适用《海商法》和《民用航空法》的规定，其次适用《法律适用法》的规定，当《法律适用法》《海商法》和《民用航空法》均对涉外民事关系法律适用没有规定的，适用与该涉外民事关系有最密切联系的法律。

第三节　不当得利与无因管理之债的法律冲突与法律适用

一、不当得利与无因管理之债的法律冲突

(一)不当得利之债的法律冲突

不当得利是指没有合法根据,或事后丧失了合法根据而获得了利益,但是该获益行为导致他人遭受了损失,受益人应将所得利益返还给受害人。例如,售货时卖家多收了货款,有义务将多收的部分返还给买家。不当得利是产生债的一个重要根据,各国关于不当得利的规定存在一些差异,主要体现在不当得利的认定和返还方法等方面。部分国家对不当得利的主观意向进行区分,如果是获益人具有主观恶意,需要负担较善意受益人更为严厉的返还义务,反之,如果获益人的主观是善意的,受益人可以要求权利人偿还为取得利益或维持利益所支出的费用。不当得利的返还方法主要有返还原物和价额偿还,各国关于价额偿还的计算方法方面会有一些差异。上述差异构成了不当得利方面的法律冲突。

(二)无因管理之债的法律冲突

无因管理是指未受他人委托,也没有法律上的义务,为避免他人利益受损失而自愿为他人管理事务或提供服务的事实行为。无因管理也是债的发生根据之一,管理他人事务的人称管理人,是债权人,被他人管理事务的人称本人,为债务人。各国法律所规定的无因管理的类型、构成要件以及法律效果方面会存在一些差异。

二、不当得利与无因管理之债的法律适用

(一)不当得利之债的法律适用

关于不当得利的法律适用规则主要有以下几种:一是适用不当得利地法,主要依据就是"场所支配行为",以拾得遗失物为例,如果某人在甲国拾得遗失物,则适用甲国的法律来处理此不当得利案件。二是适用基本法律关系的准据

法,一般来说,大部分不当得利附随于其他民事行为。比如在买卖合同的履行中,卖方多收了价款,合同关系就是本案的基本法律关系,该不当得利的准据法依据合同关系的准据法来确定。三是适用当事人共同的属人法,主要包括当事人共同经常居所地法或者当事人共同国籍所属国法。四是适用当事人意思自治原则,在意思自治原则扩展适用的情况下,部分国家允许当事人协议选择。五是适用法院地法,理由是不当得利和一国的公共秩序密切相关,作为一种救济方式,程序性特征比较明显,应该适用法院地法。

(二) 无因管理之债的法律适用

关于无因管理的法律适用,主要有以下几种主张:一是适用事务管理地法,这和不当得利一样,依然遵从"场所支配行为"的法律适用原则。二是适用本人住所地法,理由是无因管理主要是为了保护本人的利益而设立的,因此,应该适用本人的住所地法比较合理。三是引入意思自治和最密切联系原则,作为债权关系的一种类型,允许当事人协议选择是准据法选择方法的基本原则,在当事人协议不成的情况下,以最密切联系原则来确定无因管理的法律适用。

三、中国关于不当得利与无因管理之债的法律适用

中国关于不当得利和无因管理的法律适用主要体现在《法律适用法》中,该法第四十七条规定:"不当得利、无因管理,适用当事人协议选择适用的法律。当事人没有选择的,适用当事人共同经常居所地法律;没有共同经常居所地的,适用不当得利、无因管理发生地法律。"由此可见,我国对不当得利和无因管理的法律适用规则是比较灵活的,首先尊重当事人的自主选择,在没有选择的情况下,适用共同经常居所地法,不符合前述两个条件时,适用不当得利、无因管理发生地法律。

第九章
拓展阅读

第九章
案例分析

第十章　知识产权法律冲突与法律适用

知识脉络图

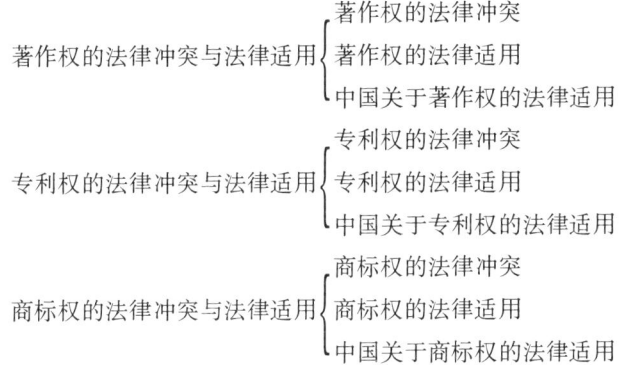

著作权的法律冲突与法律适用 { 著作权的法律冲突 / 著作权的法律适用 / 中国关于著作权的法律适用

专利权的法律冲突与法律适用 { 专利权的法律冲突 / 专利权的法律适用 / 中国关于专利权的法律适用

商标权的法律冲突与法律适用 { 商标权的法律冲突 / 商标权的法律适用 / 中国关于商标权的法律适用

第一节　著作权的法律冲突与法律适用

一、著作权的法律冲突

著作权也称之为版权,是指文学、艺术和科学作品的创作者依法对这些作品所享有的一种民事权利,包括著作人身权和著作财产权。为了激励作者创作出好的作品,也为了促进作品得到更好的传播,各国均制定了自己的国内法。各国的著作权法律制度有一些差异,主要体现在以下几个方面:

一是取得原则不同。有的国家采用的是"创作主义",即所谓的版权自动保护原则,只要作者创作出了作品,不论是否发表,都享有著作权;有的国家则采用"注册主义",作品必须经过注册登记并标明版权标记,才能享有著作权。

二是保护范围不同。也就是作品的种类多少不同,如中国的《著作权法》规定了文字作品、口述作品等九大类,其中就包括计算机软件。有不少国家并不把计算机软件列入作品的保护范围,而是把它列入专利法或者商业秘密法的保护范围。

三是权利内容不同。如中国的《著作权法》规定的人身权和财产权总计十七项,有些国家规定的权利内容比这范围广,如法国等国家规定了美术作品的追续权,西班牙等国规定了导演等享有"二次获酬权"。

四是权利限制不同。众所周知,包括著作权在内的知识产权有一个主要的原则是平衡原则,即一方面要注重保护著作权人的利益,另一方面也不能忽视社会公众的利益,要在二者之间进行适当的平衡。为此,著作权法赋予了作者以及传播者诸多权利的同时,也进行了一定的限制,如合理使用制度、法定许可制度等。单就"合理使用"制度而言,各国规定的情形是不同的。

五是保护期限不同。保护期限本质上也属于是对著作权人的权利限制。各国关于著作权的保护期限差异较大,有长有短。大部分国家规定的保护期是作者有生之年加去世后五十年,德国法规定的保护期限是作者有生之年加去世后七十年。

二、著作权的法律适用

基于各国的著作权法存在诸多法律冲突,有关它的法律适用也形成了几种不同的规则,主要有以下几种:

一是最初发表地法。作品是否发表本身就是一项重要的著作人身权,其他著作权的行使和发表密切相关,有些国家认为作品发表地和著作权之间存在着天然的联系,适用"行为地法"比较合理。这一规则主要用于解决著作权的内容和范围方面的法律冲突。

二是作者的属人法。对于未发表的作品,通常适用作者的属人法。主要理由是作品反映的是作者的人格,与作者所在的国家以及其住所有密不可分的联系,应该适用作者的国籍所属国法或者住所地法来确定未发表作品的相关权利。

三是被请求保护国法。作品的内容、权利的限制、保护期限等诸多方面在每个国家均有不同,如果作者的作品在某个国家被侵权了,其责任认定及赔偿等事宜应该依据被请求保护国的法律,这样才能更为有效地维护著作权人的权益,也容易得到被请求国的承认和协助执行。

四是意思自治。著作权的利用一般通过许可或转让的方式进行,实际上就是合同问题,合同法律适用的首要原则就是当事人意思自治。许多国家不仅在著作权利用方面适用意思自治原则,甚至在著作权侵权领域,也允许当事人意思自治。

三、中国关于著作权的法律适用

我国关于涉外著作权的法律法规主要有《著作权法》《著作权法实施条例》和《法律适用法》等,前两者主要规定了外国人的作品在我国的受保护情况、作品的自动保护原则等,后者没有专门针对著作权的法律适用做出规定,只是笼统地对知识产权的法律适用做出规定,当然适用于著作权。《法律适用法》第四十八条规定:"知识产权的归属和内容,适用被请求保护地法律。"第四十九条规定:"当事人可以协议选择知识产权转让和许可使用适用的法律。当事人没有选择的,适用本法对合同的有关规定。"第五十条规定:"知识产权的侵权责任,适用被请求保护地法律,当事人也可以在侵权行为发生后协议选择适用法院地法律。"

由此可见,在我国,当事人可以就著作权合同和侵权问题的法律适用进行协议选择。除此之外,著作权法律适用最主要的规则就是"被请求保护地法律"。在此,十分有必要强调"被请求保护地法律"在很多情况下就是"法院地法",但有时候会不一致,二者还是有区别的。例如,张某是中国人,根据有关国际公约和韩国法律的规定,其作品在韩国受到保护,但是李某在韩国未经许可使用了张某的作品,致使张某的权利受到侵害,张某如果在中国的法院提起诉讼,请求依照韩国法律追究李某的责任。则韩国为"被请求保护地",中国为"法院地"。

第二节 专利权的法律冲突与法律适用

一、专利权的法律冲突

专利是指一国的专利主管机关按照法定程序审查批准受该国专利法保护

的发明创造。专利的所有人在一定时期内依法享有对该专利的制造、销售或使用的独占权,称之为专利权。专利权可以许可、转让,也可以继承。世界各国大体上都建立了专利制度,但是在专利的类型、专利授权条件、申请审查的程序、专利权的内容、专利权的保护期限等方面存在一些差异,会导致专利权保护的法律冲突,主要体现在以下几个方面:

一是专利的类型不同。依据中国《专利法》的规定,专利的类型有三种,即发明、实用新型和外观设计,但是法国等国家保护的是发明和实用新型,德国等国家只保护发明,不保护实用新型和外观设计。很多国家把外观设计纳入作品中,给予著作权保护。

二是专利的授权条件。关于专利的授权条件,一般都要求要具有新颖性、实用性和创造性,但是在具体条件的判断上又有一些差异。以新颖性为例,一般的判断依据是和现有的技术相比,要有一定的特点和进步,但是和现有技术相比较的时间究竟是专利的完成时间,还是专利申请的时间? 在这一问题上规定有所不同,中国、法国等国是申请在先原则,美国等国是发明在先原则。

三是申请审查的程序。在专利的审查方面,国际上主要有形式审查制和实质审查制两种做法。有些国家不论专利的类型,一律实行形式审查制,如西班牙;有些国家不仅要进行形式审查,还要进行实质审查,如中国,当然中国只是对发明专利进行实质审查,对实用新型和外观设计只进行形式审查。不论是形式审查,还是实质审查,在具体流程方面也有一定的差异。

四是专利权的保护期限。各国对专利权的保护期限不尽相同,如对于发明专利,有些国家规定的保护期限是二十年,有些国家规定的保护期限则少于二十年。在我国,发明的保护期限是十年,实用新型和外观设计的保护期限是十年。

二、专利权的法律适用

关于专利权的法律适用,主要有以下几种主张:

一是适用专利申请地法。专利申请地法实际上就是"行为地法"这一系属公式的特定表达,常用于解决专利权的成立和效力。专利权具有地域性,要想在一国申请专利,就必须按照该国的法律规定办理相关手续。专利被授权以后,专利权人也只能在授权国境内行使权利。其权利内容和效力状况也根据授权国的法律来确定。

二是被请求保护国法。专利侵权责任的认定与赔偿责任的确定等诸多方面在每个国家均有不同,这些事宜一般适用被请求保护国的法律,这样才能更为有效地维护专利权人的权益,也容易得到被请求国的承认和协助执行。

三是意思自治。专利权的利用一般通过许可或转让的方式进行,对于许可、转让过程中的法律适用,可以适用当事人意思自治。不少国家把意思自治原则扩展适用至专利权侵权领域。

三、中国关于专利权的法律适用

在我国,有关专利方面的法律法规有《专利法》《专利法实施细则》《专利代理管理办法》等,上述法律法规对外国人在我国申请专利的事务办理、优先权等内容做了规定。关于专利权的法律适用,只是在《法律适用法》第四十八条、第四十九条、第五十条针对知识产权统一做了规定,具体内容在介绍著作权法律适用的时候做了说明,在此不再赘述。

第三节　商标权的法律冲突与法律适用

一、商标权的法律冲突

商标权也属于知识产权领域的一项重要权利,它是商标权人在生产、销售产品和提供服务的过程中,对其使用的标记所享有的专有权利,这种标记称之为商标,通常由文字、图形、字母、数字、颜色、声音等要素组成。世界各国对商标实施保护的历史比较悠久,各国基本上都制定了专门的商标法律制度。囿于文化传统和现实国情的不同,各国的商标法律制度存在一些差别,容易产生商标权的法律冲突,主要体现在以下几个方面:

一是商标权的取得原则。关于商标权的取得原则,有“注册在先”和“使用在先”的区分,日本、中国等国采取的是“注册在先”原则,即按照申请的先后顺序来确定商标权的归属。有些国家采取“使用在先”或者“折中原则”,如美国等国比较重视保护使用在先的人。此外,“注册在先”的国家,也有自愿注册、强制注册以及二者相结合几种不同的做法。

二是商标权的使用方式。一般国家都对商标的使用不做严格的限定,既可以在所生产、销售产品和服务上使用,也可以用于广告、展览;有些国家则不认可广告、展览上的使用。

三是商标权的保护期限。各国关于商标权的保护期限规定不同,瑞士、西班牙等国家规定的保护期是二十年,中国等国家规定的保护期限是十年。此外,保护期限的起算时间和续展要求不同,有些国家的起算时间是从申请日开始,有些国家是核准日。

二、商标权的法律适用

关于商标权的法律适用,主要有以下几种主张:

一是适用商标注册地法。商标注册国的法律常用来解决商标权成立、内容和效力等方面的问题。同专利权的法律适用相类似,商标权也具有严格的地域性,其权利内容和效力状况也根据注册申请国的法律来确定比较合理。

二是被请求保护国法。商标侵权责任的认定与赔偿责任的确定等诸多方面在每个国家均有不同,这些事宜一般适用被请求保护国的法律,这样才能更为有效地维护商标权人的权益,也容易得到被请求国的承认和协助执行。

三是意思自治或者最密切联系。商标权的利用一般通过许可或转让的方式进行,对于许可、转让过程中的法律适用,可以适用当事人意思自治。不少国家把意思自治原则扩展适用至商标权侵权领域。如果当事人没有选择所适用的法律,可以根据最密切联系来确定准据法。

三、中国关于商标权的法律适用

在我国,有关商标权方面的法律法规有《商标法》《商标法实施条例》《特殊标志管理条例》等,上述法律法规对涉外商标事务的办理、商标注册优先权等内容做了规定。关于商标权的法律适用,没有专门的法律适用条款,只是在《法律适用法》第四十八条、第四十九条、第五十条中针对知识产权统一做了规定,当然可以用来确定商标权的法律适用,具体内容在介绍著作权法律适用的时候做了说明,在此不再赘述。

第十章
拓展阅读

第十章
案例分析

第十一章　国际民事诉讼

知识脉络图

国际民事诉讼概述 ┤ 国际民事争议及其处理
　　　　　　　　　国际民事诉讼程序
　　　　　　　　　外国人民事诉讼地位
　　　　　　　　　诉讼费用担保制度
　　　　　　　　　诉讼代理制度

国际民事管辖权 ┤ 国际民事管辖权的概念与类型
　　　　　　　　国际民事管辖权的冲突与协调
　　　　　　　　中国关于国际民事管辖权的规定

国际民事司法协助 ┤ 国际民事司法协助的概念和依据
　　　　　　　　　国际民事司法协助的法律适用
　　　　　　　　　国际司法协助请求的途径
　　　　　　　　　拒绝给予司法协助的情形
　　　　　　　　　域外送达
　　　　　　　　　域外取证
　　　　　　　　　外国法院判决的承认与执行

第一节　国际民事诉讼概述

一、国际民事争议及其处理

国际民事争议是指国际民事交往过程中当事人之间所产生的各种纠纷。

人类交往的实践表明,但凡有交往,纠纷就难以避免,选择合适的纠纷解决方式能够保证交往的持续健康发展。就国际民事争议来说,目前的纠纷解决方式主要有 ADR(Alternative Dispute Resolution)、国际民事诉讼和国际商事仲裁。所谓 ADR 是指替代性纠纷解决方式的总称,也用来指除诉讼和仲裁之外的纠纷解决方式的总称,主要包括协商、调解和模拟法庭。协商也称为和解,由当事人自行达成解决争议的一致意见。如果当事人无法达成一致意见,通常由第三人居中调解,尽量促成双方达成共识。在国际民事争议解决过程中,逐渐形成一种较为特殊的调解模式,可以称之为"模拟法庭",也可以称之为"专家确定"或者"微型审理",由双方当事人共同认可的专业律师、商务专家、德高望重的退休法官或者仲裁员根据争议事实,做出类似于法院的判决,以此促成双方达成纠纷解决的一致意见,以避免双方走到烦琐且费用高昂的诉讼或者仲裁程序。无论是协商、调解还是模拟法庭,其共同的地方在于均取决于当事人的自愿,如有一方不同意选择这些方式,就只能走上诉讼或者仲裁解决的道路。本章主要就国际民事诉讼中的一些主要问题进行论述,国际商事仲裁的相关知识将在第十二章中予以介绍。

二、国际民事诉讼程序

国际民事诉讼程序是指一国法院在审理国际民事案件时,法院、当事人和其他诉讼参与人所必须遵守的专门用于诉讼程序的规范的总称。从法律渊源的角度讲,国际民事诉讼程序既包括各国国内立法和判例,也包括国际条约和国际惯例。各国的国内立法通常会针对国际民事诉讼做出专门规定,尽管立法体例有所不同,但都强调国际民事诉讼程序的"专用性"。这里的"专用"具有两层含义:其一是指这类程序规范只能适用于对涉外民商事案件的处理;其二是指这类程序规范是一国法院在审理涉外民商事案件的过程中所必须首先适用的规范,只有当这类规范对有关问题没有规定或规定不全面时,才能适用国内民事诉讼法的一般规定。例如,中国在《民事诉讼法》第四编中就有"涉外民事诉讼程序的特别规定",其第二百五十九条规定:"在中华人民共和国领域内进行涉外民事诉讼,适用本编规定。本编没有规定的,适用本法其他有关规定。"

国际民事诉讼程序通常包括外国人的民事诉讼地位、国际民事案件的管辖权、国际民事司法协助等问题,所有针对这些程序性问题的规定就必须遵循一定的基本原则,主要有国家主权原则、国民待遇原则、平等互惠原则、遵守国际条约和尊重国际惯例原则。

三、外国人民事诉讼地位

外国人的民事诉讼地位指的是外国人在本国进行民事诉讼活动时,享有什么样的民事诉讼权利,履行什么样的民事诉讼义务。外国人的民事诉讼地位是国际民事诉讼必须首先解决的问题。一般来说,各国都坚持的是"国民待遇+对等"原则,即给予外国人和本国人以同样的待遇,但是如果有某个国家在诉讼中对本国人的诉讼权利加以限制或者加重本国人的诉讼义务时,该国也会对这个国家的国民采取类似的措施。如中国《民事诉讼法》第五条的规定就体现了"国民待遇+对等"原则,该条规定:"外国人、无国籍人、外国企业和组织在人民法院起诉、应诉,同中华人民共和国公民、法人和其他组织有同等的诉讼权利义务。外国法院对中华人民共和国公民、法人和其他组织的民事诉讼权利加以限制的,中华人民共和国人民法院对该国公民、企业和组织的民事诉讼权利,实行对等原则。"

需要说明的是,给予外国人在国际民事诉讼中以国民待遇,并不意味着一国对外国人在本国进行民事诉讼活动没有任何限制,基于司法主权和国际民事诉讼特殊性的考量,通常会在诉讼费用担保、诉讼代理等方面有一些专门性规定。

四、诉讼费用担保制度

诉讼费用担保是指一国法院在审理以外国人作为原告的涉外民事案件时,根据该国法律规定或者国际条约的规定,法院可以责令该外国人提供诉讼费用担保。有部分国家在其国内法中明确规定了外国人必须缴纳诉讼担保费,有部分国家根据其签订的双边或者多边条约可以相互免除诉讼费用担保。诉讼费用担保制度的意义在于保证诉讼费用的承担者能实际履行义务,防止居住国外的原告人滥用诉权。

我国对诉讼费用担保的规定,经历了要求外国人必须缴纳到互惠条件下免除担保费用的转变。早在1984年的《民事诉讼收费办法(试行)》中规定:"外国人、无国籍人、外国企业和组织在人民法院进行诉讼,应当对诉讼费用提供担保。"2006年颁布的《诉讼费用交纳办法》第五条规定:"外国人、无国籍人、外国企业或者组织在人民法院进行诉讼,适用本办法。外国法院对中华人民共和国公民、法人或者其他组织,与其本国公民、法人或者其他组织在诉讼费用交纳上实行差别对待的,按照对等原则处理。"

五、诉讼代理制度

诉讼代理是指诉讼代理人基于当事人或者其法定代理人的授权,以当事人的名义代为实施诉讼的一种行为。在国际民事诉讼中,所涉及的国际民事法律关系比较复杂,当事人对外国的法律制度也比较陌生,加之在诉讼语言文字方面存在交流困难,通常会委托代理人代为其参加诉讼。各国对于外国当事人委托诉讼代理人的相关规定有所不同,比如诉讼代理人的选择范围、权限范围以及授权委托书的认证等。一般情况下,各国基于司法主权的考虑,要求外国当事人在委托律师作为代理人的时候,必须委托法院地国的律师。如果委托当事人本国的律师参加诉讼,只能以非律师的身份参加诉讼,委托律师的授权委托书也需要经过公证机关或者使领馆的认证。如依据中国《民事诉讼法》第二百六十三条规定:"外国人、无国籍人、外国企业和组织在人民法院起诉、应诉,需要委托律师代理诉讼的,必须委托中华人民共和国的律师。"第二百六十四条规定:"在中华人民共和国领域内没有住所的外国人、无国籍人、外国企业和组织委托中华人民共和国律师或者其他人代理诉讼,从中华人民共和国领域外寄交或者托交的授权委托书,应当经所在国公证机关证明,并经中华人民共和国驻该国使领馆认证,或者履行中华人民共和国与该所在国订立的有关条约中规定的证明手续后,才具有效力。"

在国际民事诉讼中,除了律师代理之外,还有领事代理。所谓领事代理,是指一个国家的领事可以根据有关国家的法律规定和有关国际条约的规定,在其驻在国法院依照职权代表本国国民或法人参与有关的诉讼,以保护本国国民法人在驻在国的合法权益。和律师代理相比较,领事代理有以下几个特点:一是领事代理是领事官员的职权行为,领事代理人不是以律师或私人身份从事代理行为,而是以领事官员的身份进行代理;二是领事代理具有临时性,只要当事人亲自参加了诉讼或者委托了代理人,领事代理即告停止;三是领事代理既是领事的一项权利,也是一项义务,不具有商业性质,当事人无须向领事支付代理费用。

第二节　国际民事管辖权

一、国际民事管辖权的概念与类型

国际民事管辖权是指一国法院对特定的国际民事案件行使审判的权限。国际民事管辖权的依据来源于一国的国内法及其缔结的国际条约的规定。管辖权的确定在国际民事纠纷处理中具有十分重要的意义。首先,确定管辖权是受理涉外民商事案件的前提,一国法院在决定是否受理案件时,首先要确定该法院是否有管辖权。其次,管辖权的确定直接关系到案件的处理结果,涉外案件的处理,从案件的识别、冲突规范的选择、准据法的确定以及公共秩序保留的适用和法律规避的认定,可以说,案件处理的每一个环节都和法院地法密切相关,因此,管辖权的确定和行使直接关系到案件的处理结果。再次,管辖权的确定直接影响当事人的合法权益,也是一国法院承认和执行法院判决的基础,关系到最终的实体权益能否得到切实的保障。

不同国家对国际民事管辖权的类型划分不尽相同,英美法系国家把国际民事管辖权分为对人管辖权和对物管辖权。所谓对人管辖权,是指针对某人提起的,以迫使其履行或不履行某种行为的诉讼;而对物管辖权则是指就某一特定财产的权利和利益的诉讼。不论是对人管辖,还是对物管辖,均以实际控制为原则来确定管辖权的行使。大陆法系国家习惯于把国际民事管辖权分为属人管辖权和属地管辖权。所谓属人管辖权是指以当事人的国籍作为连结因素来管辖某一个涉外民事事件;而属地管辖权是指以当事人的住所、居所、事物的存在地、行为地作为管辖根据。此外,根据管辖权的来源还可以把国际民事管辖权分为专属管辖权和任意管辖权。专属管辖权是指国家规定排除其他国家的法院对特定范围的民商事案件的管辖权,根据这类民商事案件与本国的联系程度来无条件地确定只能由本国法院来管辖;专属管辖权是国家主权原则的体现,也称为"强制管辖"。任意管辖权是指在解决一些没有重大影响的案件时,也可以由其他国家的法院来行使管辖权,当事人有权利依据法律的规定选择管辖的法院,通过协议的形式来确定管辖的法院,又称为"协议管辖",各国一般都允许当事人协议管辖。

二、国际民事管辖权的冲突与协调

各国为了有效保护本国当事人的利益,通常在管辖方面持较为宽松的态度,即只要案件和本国有一定的联系,就会把它作为行使管辖权的根据,如当事人一方是本国人、当事人一方在本国境内有住所、诉讼标的物在本国境内、被告在本国境内有财产、当事人协议选择了本国法院管辖等。国际民事案件通常在法律关系主体、客体及内容方面会和两个以上的国家有联系,这样的话,各国就会同时行使管辖权,就会引发管辖权的积极冲突,特别是当双方当事人就同一争议向两个或两个以上的国家同时提起诉讼的时候,也会导致积极冲突,这就是所谓的"一事两诉"或"平行诉讼"。反之,在另外一些情况下,各国均以各种理由拒绝行使管辖权时,国际民事案件处于投诉无门的状态,就会导致管辖权的消极冲突。

导致国际民事管辖权积极冲突的一个重要原因是部分国家坚持行使过度管辖权,即一国法院旨在扩大本国法院管辖权,根据国内立法和判例的规定,对有关国际民商事案件所行使的管辖权。关于过度管辖权的判断依据,国际上并没有明确的标准,一般从主观方面和客观方面来进行判断。主观方面就是国家不合理、不适当地行使管辖权,客观方面主要是看该国与争议之间是否有密切联系,如果对没有实际联系的案件执意行使管辖权,并且可能对一方当事人的权益造成不利影响,就可以认定为过度管辖权。

导致国际民事管辖权消极冲突的一个主要原因是不方便法院原则,即根据本国法的规定,一国法院对某一国际民商事案件有管辖权,但如果该法院认定本法院地对任何当事人来说是一个不公平或十分不方便的地点,而且另有更为方便的地点可作为法院地,则该法院可在其权限内拒绝行使管辖权。

总而言之,由于各国国内法对管辖权的规定不同,尤其在出现过度管辖权和不方便法院原则的情况下,就会形成管辖权的冲突。如何解决这些冲突呢?主要途径是各国尽可能在管辖权方面达成一些国际公约,以协调解决冲突。目前在国际民事管辖权方面较有影响的国际条约主要有《布鲁塞尔公约》和《选择法院协议公约》。

《布鲁塞尔公约》的全称是《关于民商事管辖权及判决执行公约》,它是比、德、法、意、卢、荷六国为了统一各成员国的国际民商事管辖权规则,于1968年9月在布鲁塞尔签署的一个解决管辖权冲突的公约。随着欧洲一体化的不断发展,《布鲁塞尔公约》中的一些规定显得不合时宜,2000 年欧盟通过了对《布鲁塞尔公约》进行修订,形成了《布鲁塞尔条例》,也称之为《布鲁塞尔条例Ⅰ》,随后又达成了协调解决婚姻诉讼和父母亲责任事项的直接国际管辖权问题的《布鲁塞尔公约Ⅱ》和亲子关系中父母亲责任的诉讼管辖权规则的《布鲁塞尔条例Ⅱa》。

海牙国际私法会议一直致力于研究制定管辖权公约,以实现加强国际间司法合作和促进国际贸易投资。经过多年的努力,于 2005 年海牙国际私法会议上通过了《选择法院协议公约》。该公约的目的是在国际民事管辖和判决的承认与执行方面已达成一个世界性的国际公约,虽然由于各国存在较大分歧而未能达成,但是在协议管辖方面已达成一致意见,为未来管辖权的协调统一及判决的承认与执行奠定了坚实的基础。

三、中国关于国际民事管辖权的规定

中国关于国际民事管辖权的规定主要体现在我国的《民事诉讼法》中,此外还参加和缔结了一些双边协定。根据管辖权的确定依据,可以把《民事诉讼法中》的规定划分为一般管辖、特别管辖、专属管辖、协议管辖和级别管辖等,以 2017 年修订后的《民事诉讼法》为依据,分别进行评介。

《民事诉讼法》第二十一条规定:"对公民提起的民事诉讼,由被告住所地人民法院管辖;被告住所地与经常居住地不一致的,由经常居住地人民法院管辖。对法人或者其他组织提起的民事诉讼,由被告住所地人民法院管辖。"此乃一般管辖权的确定规则,据此规定,如果涉外案件中的被告在我国有住所,我国法院就有管辖权。

如果被告在我国领域内没有住所,则根据案件性质的不同,《民事诉讼法》第二十三条至第三十二条规定了一些特殊民事案件的管辖权确定依据。此外,《民事诉讼法》第二百六十五条规定:"因合同纠纷或者其他财产权益纠纷,对在中华人民共和国领域内没有住所的被告提起的诉讼,如果合同在中华人民共和国领域内签订或者履行,或者诉讼标的物在中华人民共和国领域内,或者被告在中华人民共和国领域内有可供扣押的财产,或者被告在中华人民共和国领域内设有代表机构,可以由合同签订地、合同履行地、诉讼标的物所在地、可供扣押财产所在地、侵权行为地或者代表机构住所地人民法院管辖。"由此可见,我国对于涉外案件管辖权的确定比较宽泛,设定了多个可供选择的管辖根据。

《民事诉讼法》第三十三条和第二百六十六条规定了我国法院的专属管辖

权。第三十三条规定："下列案件,由本条规定的人民法院专属管辖:(一)因不动产纠纷提起的诉讼,由不动产所在地人民法院管辖;(二)因港口作业中发生纠纷提起的诉讼,由港口所在地人民法院管辖;(三)因继承遗产纠纷提起的诉讼,由被继承人死亡时住所地或者主要遗产所在地人民法院管辖。"第二百六十六条规定:"因在中华人民共和国履行中外合资经营企业合同、中外合作经营企业合同、中外合作勘探开发自然资源合同发生纠纷提起的诉讼,由中华人民共和国人民法院管辖。"

《民事诉讼法》第三十四条规定了协议管辖,即对于合同或者其他财产权益纠纷的当事人可以书面协议管辖法院,该条规定:"合同或者其他财产权益纠纷的当事人可以书面协议选择被告住所地、合同履行地、合同签订地、原告住所地、标的物所在地等与争议有实际联系的地点的人民法院管辖,但不得违反本法对级别管辖和专属管辖的规定。"此外,《民事诉讼法》第一百二十七条规定了当事人未提出管辖异议,并应诉答辩的,视为受诉人民法院有管辖权,这可以视为是当事人之间默示的协议管辖。

《民事诉讼法》第十八条对级别管辖进行了规定,该条规定:"重大涉外案件由中级人民法院管辖。"案件是否重大一般依据争议标的金额的大小、案情复杂程度或者当事人的人数多少来确定。随着我国对外开放水平的提高,涉外纠纷日渐增多,涉案金额也越来越高,关于级别管辖的标准也在不断调整。最高人民法院于 2017 年 12 月发布了《关于明确第一审涉外民商事案件级别管辖标准以及归口办理有关问题的通知(法〔2017〕359 号)》,根据区域经济发展水平和对外开放程度确定了不同的级别管辖标准。此外,最高人民法院先后批准部分省市的基层人民法院也有权管辖一般的涉外案件。

第三节　国际民事司法协助

一、国际民事司法协助概述

(一)国际民事司法协助的概念和依据

国际司法协助是指一国法院接受另一国法院请求,代为履行某些诉讼行为,如送达诉讼文书、询问证人、提取证据以及承认和执行外国法院判决和外国仲裁裁决等。国际司法协助的实施一般基于各国民事诉讼法典和有关国际条约的规定或互惠关系而存在。国际司法协助有狭义和广义之分,狭义上的司法协助仅仅指文书送达和调查取证,广义上的司法协助不仅包括文书送达和调查取证,还包括了外国法院判决和仲裁裁决的承认与执行。

国际司法协助一般都是根据各国的国内立法和有关的国际条约进行,如果没有相关公约或协定,通常依据互惠的原则来决定是否给予协助。如中国《民事诉讼法》第二百七十六条规定:"根据中华人民共和国缔结或者参加的国际条约,或者按照互惠原则,人民法院和外国法院可以相互请求,代为送达文书、调查取证以及进行其他诉讼行为。外国法院请求协助的事项有损于中华人民共和国的主权、安全或者社会公共利益的,人民法院不予执行。"

(二)国际民事司法协助的法律适用

程序法只适用本国法是一个被各国所普遍接受的原则。具体到国际民事司法协助,各国关于文书送达、调查取证的程序性规定各不相同,被请求国在提供司法协助时,都会适用本国的诉讼规则,而不考虑请求国的规定。但是在特殊情况下,只要请求国和被请求国的诉讼规则没有根本性冲突,被请求国也会考虑适用请求国的某些诉讼规则,如根据中国《民事诉讼法》第二百七十九条之规定:"人民法院提供司法协助,依照中华人民共和国法律规定的程序进行。外国法院请求采用特殊方式的,也可以按照其请求的特殊方式进行,但请求采用的特殊方式不得违反中华人民共和国法律。"

(三)提出国际民事司法协助请求的途径及拒绝给予协助的情形

国际民事司法协助在提出请求时,通常有以下几个途径:一是请求法院和被请求法院之间通过外交途径,并在各国国家司法部参与的情况下进行联系;二是通过领事渠道来实施;三是通过司法部同有关国家的司法机构直接联系;四是有关国家的法院之间直接进行联系。一个国家提出请求,一般情况下会得到被请求国的协助,但是在以下几种情形下,被请求国可能会拒绝给予协助:一是委托的送达违反本国法或有关国际条约所规定的程序;二是对于外国法院的委托文件的真实性存在疑问;三是委托履行的行为,根据被请求国法律,不属于内国司法机关的职权范围;四是委托履行的行为是被请求国法律明文禁止的诉讼行为;五是委托履行的行为与履行地国家主权和安全不相容;六是履行委托的行为显然违背请求国公共秩序或公共政策;七是两国间不存在互惠关系等。例如,依据中国《民事诉讼法》第二百七十七条第一款的规定:"请求和提供司法协助,应当依照中华人民共和国缔结或者参加的国际条约所规定的途径进行;没有条约关系的,通过外交途径进行。"

二、域外送达

(一)域外送达的概念

所谓域外送达,就是指一国法院根据本国法律、国际条约的规定或者依据互惠原则,将国际民事案件中涉及的法律文书送交给居住在国外的当事人或者其他诉讼参与人的行为。

(二)域外送达的方式

常见的域外送达方式有以下几种:一是外交代表或者领事送达,这是最为常见的送达方式,已经被国际社会所普遍认可和广泛采用;二是邮寄送达,即通过邮局将相关文书寄送给国外的当事人或者其他诉讼参与人,虽然这种送达方式被《海牙送达公约》所规定,但是仍有部分国家不予认可;三是个人送达,即一国法院把法律文书委托给具有一定身份的个人,主要是诉讼代理人;四是公告送达,即通过张贴公告或者刊登报纸的方式把法律文书的内容告知当事人或者其他诉讼参与人。

(三)中国关于域外送达的规定

《民事诉讼法》第二百六十七条规定:"人民法院对在中华人民共和国领域内没有住所的当事人送达诉讼文书,可以采用下列方式:(一)依照受送达人所在国与中华人民共和国缔结或者共同参加的国际条约中规定的方式送达;(二)通过外交途径送达;(三)对具有中华人民共和国国籍的受送达人,可以委托中华人民共和国驻受送达人所在国的使领馆代为送达;(四)向受送达人委托的有权代其接受送达的诉讼代理人送达;(五)向受送达人在中华人民共和国领域内设立的代表机构或者有权接受送达的分支机构、业务代办人送达;(六)受送达人所在国的法律允许邮寄送达的,可以邮寄送达,自邮寄之日起满三个月,送达回证没有退回,但根据各种情况足以认定已经送达的,期间届满之日视为送达;(七)采用传真、电子邮件等能够确认受送达人收悉的方式送达;(八)不能用上述方式送达的,公告送达,自公告之日起满三个月,即视为送达。"以上规定主要是我国关于域外送达的方式,更为具体的规定可以参见 2006 年最高人民法院发布的《最高人民法院关于涉外民事或商事案件司法文书送达问题若干规定(法释〔2006〕5 号)》,该司法解释对所送达司法文书的类别、送达的方式及送达的时间要求等方面做了比较详细的规定。

三、域外取证

(一)域外取证的概念

域外取证是指一国司法机关请求外国主管机关在其本国境内代为收集、提取与案件有关的证据的行为。域外取证是一种重要的司法行为,一般来说,一国的司法机关只能在本国境内行使这项权力。未经一国主管机关允许,任何外国机关、个人都不得在该国境内实施调查取证行为。

(二)域外取证的方式

域外取证的方式主要有以下几种方式:一是外交和领事人员取证,这种方式被国际社会所普遍采用,也被 1961 年《维也纳外交关系公约》和《维也纳领事关系公约》所肯定;二是自行取证或者特派员取证,有部分国家允许当事人及其代理人或者法院委派专门的人员去境外提取证据的行为;三是通过司法协助的方式,由特定机关之间依据双边协定或者共同参加的国际公约进行取证。

(三)中国关于域外取证的规定

如前文所述,我国关于域外取证在内的司法协助主要依据相关条约或者按照互惠原则来进行,如中国《民事诉讼法》第二百七十六条规定:"根据中华人民共和国缔结或者参加的国际条约,或者按照互惠原则,人民法院和外国法院可以相互请求,代为送达文书、调查取证以及进行其他诉讼行为。外国法院请求协助的事项有损于中华人民共和国的主权、安全或者社会公共利益的,人民法院不予执行。"

依据中国《民事诉讼法》第二百七十七条第二款的规定:"外国驻中华人民共和国的使领馆可以向该国公民送达文书和调查取证,但不得违反中华人民共和国的法律,并不得采取强制措施。除前款规定的情况外,未经中华人民共和国主管机关准许,任何外国机关或者个人不得在中华人民共和国领域内送达文书、调查取证。"

四、外国法院判决的承认与执行

(一)外国法院判决承认与执行的概念

一个国家的法院做出判决以后,往往需别的国家承认与协助执行,才能最终切实保障当事人的权益。反过来说,一个国家的法院承认别的国家法院的判决,就意味着别的国家法院所做出的判决在本国境内发生法律效力,而协助执行则是指在承认判决的基础上,依照本国的程序法规定,强制执行该外国法院的判决。需要特别说明的是,这里的"外国""法院""判决"均可以从广义的角度理解,即"外国"指的是法域意义上的特定区域,不仅仅指地理意义上的外国;"法院"也涵盖了一个国家各个级别和各个领域的法院,泛指所有具有司法裁判权的机构;"判决"也应该作非常宽泛的理解,即包括判决、裁定、决定、调解书等。

(二) 承认与执行外国法院判决的条件

承认与执行外国法院判决的依据是国际条约、双边司法协助条约或者互惠原则,但是并不意味着只要订立了司法协助条约,就一定能得到他国的承认与执行。一国法院决定是否给予承认与执行的时候,也会进行一定的审查,通常情况下,审查的依据有以下几个方面:一是该国法院是否具有管辖权,一国法院对国际民事案件具有管辖权是承认与执行的先决条件;二是外国的判决是不是终局生效的判决,如果不是终局判决,则一般不予承认;三是诉讼程序是否公正,程序公正是司法正义的重要组成部分,程序公正主要考察是否对败诉方的程序权利进行了充分的保障,如果在程序方面存在瑕疵,也会导致判决不被承认与执行;四是外国法院的判决是否违背了本国的公共秩序,公共秩序保留不只是针对外国法的排除适用,在承认与执行外国法院的判决方面也是一个重要的考量因素,外国法院的判决如果和本国的公共秩序相违背,也会导致不被承认与执行。

(三) 中国关于外国法院判决承认与执行的规定

中国关于外国法院判决承认与执行的规定主要体现在《民事诉讼法》第二百八十一和二百八十二条中,其中,第二百八十一条规定了承认与执行外国法院判决的申请对象和依据,该条规定:"外国法院做出的发生法律效力的判决、裁定,需要中华人民共和国人民法院承认和执行的,可以由当事人直接向中华人民共和国有管辖权的中级人民法院申请承认和执行,也可以由外国法院依照该国与中华人民共和国缔结或者参加的国际条约的规定,或者按照互惠原则,请求人民法院承认和执行。"第二百八十二条规定了承认与执行外国法院判决的条件和方式,该条规定:"人民法院对申请或者请求承认和执行的外国法院做出的发生法律效力的判决、裁定,依照中华人民共和国缔结或者参加的国际条约,或者按照互惠原则进行审查后,认为不违反中华人民共和国法律的基本原则或者国家主权、安全、社会公共利益的,裁定承认其效力,需要执行的,发出执行令,依照本法的有关规定执行。违反中华人民共和国法律的基本原则或者国家主权、安全、社会公共利益的,不予承认和执行。"

第十一章
拓展阅读

第十一章
案例分析

第十二章　国际商事仲裁

知识脉络图

国际商事仲裁概述 {
　国际商事仲裁的概念
　国际商事仲裁的类型
}

国际商事仲裁协议 {
　国际商事仲裁协议的概念与类型
　国际商事仲裁协议的内容和效力
}

国际商事仲裁程序 {
　申请和受理
　组成仲裁庭
　案件审理
　仲裁裁决
}

外国商事仲裁裁决
的承认与执行 {
　承认与执行外国商事仲裁裁决的含义
　承认与执行外国商事仲裁裁决的条件
　中国关于涉外仲裁裁决承认与执行的规定
}

第一节　国际商事仲裁概述

一、国际商事仲裁的概念

仲裁是解决民事纠纷的一种常见方式,和协商、调解相比,其共同点在于都需要当事人的一致同意,当事人选择仲裁解决纠纷,通常会订立仲裁协议或者在相关合同中订立仲裁条款,其差别在于一旦当事人订立了有效的仲裁协议,就具有排除法院管辖权的效力,仲裁机构做出的裁决具有法律效力,如果一方当事人不自动履行仲裁裁决,另一方当事人可以向法院申请强制执行。基于仲裁裁决具有强制执行效力,仲裁也被称为"准司法"性质的纠纷解决方式。若把仲裁和诉讼相比较,其相同点在于所做出的裁决均可以发生法律效力,差异在于仲裁是基于当事人的自愿,而诉讼则不需要双方当事人达成一致意见。

仲裁在国际商事纠纷解决中发挥着十分重要的作用。一般认为,国际商事仲裁起源于中世纪的商人习惯法,经过两个多世纪的发展,国际社会已经形成了一套较为完整的国际商事仲裁体系,既有影响较大的仲裁机构,也形成了系统有效的仲裁规则。目前,国际上比较著名的国际商事仲裁机构有国际商会仲裁院、伦敦国际仲裁中心、斯德哥尔摩商会仲裁院、美国仲裁协会等。随着中国对外开放的发展,中国国际经济贸易仲裁委员会、中国海事仲裁委员会也在国际上的影响越来越大。

二、国际商事仲裁的类型

依据不同的标准,可以把国际商事仲裁划分为不同的类型。以仲裁机构的组成形式划分可以把仲裁分为机构仲裁和临时仲裁。机构仲裁和临时仲裁各有优势,共同在国际商事仲裁中发挥重要作用。

所谓机构仲裁,是指当事人根据仲裁协议,将纠纷提交给约定的某一常设仲裁机构所进行的仲裁。常设的仲裁机构一般依据一国国内法或者国际条约依法设立,有固定的名称、住址、组织形式、章程、仲裁员名单和属于自己的仲裁规则。常设仲裁机构的仲裁规则比较科学合理,仲裁员的专业素养较高,管理也比较规范。当然,仲裁的程序比较正式烦琐,收费标准也比较高。仲裁机构受理案件后,会组成仲裁庭或者由独任仲裁员来做出裁决。

临时仲裁,也称之为特别仲裁或随意仲裁,根据双方当事人的仲裁协议,可以在发生争议后由双方推荐的仲裁员临时组成仲裁庭,不严格遵循特定的仲裁程序,仲裁裁决做出后,所组成的仲裁庭就不再存在。临时仲裁通常用来解决标的较小、案件相对简单的纠纷。其优点在于程序简便易行、费用相对较低、当事人有更大的自主性。

根据仲裁庭(员)是否必须按照法律做出裁决为标准,可以把仲裁分为依法仲裁和友好仲裁。通常情况下,仲裁审理需要依法进行,所做出的裁决也需要有法律依据,此乃依法仲裁。但是仲裁在很大程度上基于当事人的自愿,如果当事人愿意根据公平合理的原则,在不违反法律强制性规定和社会公共利益的前提下,仲裁庭(员)可以不严格依照法律规定来裁决案件,这就是友好仲裁。

第二节　国际商事仲裁协议

一、国际商事仲裁协议的概念与类型

（一）国际商事仲裁协议的概念

国际商事仲裁协议就是双方当事人一致同意把他们之间已经发生或未来可能发生的争议提交某一仲裁机构进行裁决的协议。国际商事仲裁协议是进行仲裁活动的前提,没有有效的仲裁协议,就不能把纠纷提交仲裁机构解决,仲裁机构也无权受理。

（二）国际商事仲裁协议的类型

仲裁协议既可以是单独订立的仲裁协议书,也可以是仲裁条款,还可以是其他形式的仲裁协议。仲裁协议书独立于合同之外,和合同中的仲裁条款具有同等法律效力。仲裁协议书通常在纠纷发生之后订立,协议内容比较全面,涵盖提交仲裁的事项范围、仲裁地点、仲裁机构、仲裁规则以及法律适用等多个方面。

仲裁条款是合同中订立的将有关争议提交仲裁解决的专门条款。一般来说,争议解决是合同中必备的条款,当事人可以在争议解决条款中明确仲裁机构、仲裁事项等内容。仲裁条款是当事人在纠纷产生之前达成的一致意见。

其他形式的仲裁协议主要指双方当事人通过信件、电报、传真、电子邮件等形式达成的仲裁协议,只要足以明确当事人一致同意将争议提交仲裁解决的意思表示,符合仲裁协议有效成立的基本要件,即可认定为仲裁协议。

二、国际商事仲裁协议的内容和效力

（一）国际商事仲裁协议的内容

各国对仲裁协议的内容规定不尽相同,有的国家规定的非常简单,只要当事人依法表达了仲裁意愿,愿意将争议提交仲裁解决即可。有的国家规定得比较细致全面,要明确的事项主要有仲裁事项、仲裁机构、仲裁规则、法律适用等。

关于仲裁事项,一般就是合同纠纷,凡是因合同履行引发的纠纷,均可约定为仲裁事项。关于仲裁机构,当事人既可以约定通过常设仲裁机构,也可以约定临时仲裁机构,既可以约定当事人所在国的仲裁机构,也可以约定当事人所在国之外的其他国家的仲裁机构,还可以依据国际条约成立的仲裁机构,如国际商会仲裁院、解决投资争议国际中心和世界知识产权组织仲裁中心等。关于仲裁规则,一般来说,每个仲裁机构均制定了自己的仲裁规则,当事人通常会选择所选仲裁机构的仲裁规则,但是在有个别情况下,仲裁机构也允许当事人选择其他仲裁机构的仲裁规则;关于法律适用,仲裁一般应依法进行裁决,国际上通行的做法是根据当事人意思自治原则来确定准据法。

（二）国际商事仲裁协议的效力

仲裁协议的法律效力体现为四个层面:一是对当事人的效力,只要当事人达成了有效的仲裁协议,就应该把争议提交仲裁解决,不能向法院提起诉讼。二是对法院和仲裁机构的效力,有效的仲裁协议具有排除法院管辖权的效力,法院不能受理已经达成有效仲裁协议的案件,如中国《仲裁法》第五条规定:"当事人达成仲裁协议,一方向人民法院起诉的,人民法院不予受理,但仲裁协议无效的除外。"三是对于仲裁机构来说,仲裁机构要根据仲裁协议中约定的仲裁事项、仲裁规则以及法律适用来裁决案件,要充分尊重当事人的意愿。四是就裁决的执行来看,有效的仲裁协议是申请法院强制执行的前提,也是一国法院承认与执行外国仲裁机构裁决的前提。

仲裁协议的效力具有独立性,和合同本身的效力无关。如中国《仲裁法》第十九条规定:"仲裁协议独立存在,合同的变更、解除、终止或者无效,不影响仲裁协议的效力。"

当事人如果对仲裁协议的效力有异议,既可以请求仲裁委员会做出裁定,也可以请求人民法院做出裁定。如根据中国《仲裁法》第二十条规定:"当事人对仲裁协议的效力有异议的,可以请求仲裁委员会做出决定或者请求人民法院做出裁定。一方请求仲裁委员会做出决定,另一方请求人民法院做出裁定的,由人民法院裁定。"

第三节　国际商事仲裁程序

一、申请和受理

仲裁程序首先开始于当事人的申请,各国对仲裁申请的具体要求不尽相同,一般均要求当事人要提交仲裁申请书及相关证据材料。根据中国《仲裁法》第二十三条的规定:"仲裁申请书应当载明下列事项:(一)当事人的姓名、性别、年龄、职业、工作单位和住所,法人或者其他组织的名称、住所和法定代表人或者主要负责人的姓名、职务;(二)仲裁请求和所根据的事实、理由;(三)证据和证据来源、证人姓名和住所。"此外,申请人还应该向仲裁委员预缴一定数额的仲裁费。如果委托代理人办理仲裁事项或参与仲裁的,应提交书面委托书。

仲裁委员会收到仲裁申请书之后,一般会根据情况做出是否受理的决定,如果决定受理,则需要把仲裁申请书副本送达被申请人,被申请人在一定期限内提交答辩状副本,仲裁委员会把答辩状送达申请人,为仲裁庭审做好准备。被申请人提交的答辩状中可以针对申请人的仲裁请求、事实与理由进行答辩,也可以提出独立的反请求。如根据中国《仲裁法》第二十四条的规定:"仲裁委员会收到仲裁申请书之日起五日内,认为符合受理条件的,应当受理,并通知当事人;认为不符合受理条件的,应当书面通知当事人不予受理,并说明理由。"第二十五条规定:"仲裁委员会受理仲裁申请后,应当在仲裁规则规定的期限内将仲裁规则和仲裁员名册送达申请人,并将仲裁申请书副本和仲裁规则、仲裁员名册送达被申请人。被申请人收到仲裁申请书副本后,应当在仲裁规则规定的期限内向仲裁委员会提交答辩书。仲裁委员会收到答辩书后,应当在仲裁规则规定的期限内将答辩书副本送达申请人。被申请人未提交答辩书的,不影响仲裁程序的进行。"

二、组成仲裁庭

仲裁庭可以分为合议仲裁庭和独任仲裁庭。合议仲裁庭通常由三名仲裁员组成,申请人和被申请人各自在仲裁委员会仲裁员名册中指定或各自委托仲裁委员会主任指定一名仲裁员,首席仲裁员由当事人共同选定或者共同委托仲裁委员会主任指定,共同组成仲裁庭审理案件;独任仲裁庭由双方当事人在仲裁委员名册共同指定或委托仲裁委员会主任指定一名仲裁员为独任仲裁员,成立仲裁庭,单独审理案件。仲裁庭组成后,仲裁委员会应当将仲裁庭的组成情况书面通知当事人。仲裁员还需要在法定情形下进行回避,以保证仲裁的程序正当和公平合理。

三、案件审理

仲裁庭审理案件的形式有两种,一是开庭审理,二是不开庭审理,一般情况下,应当开庭审理,但是当事人协议不开庭的,也可以不开庭审理。如中国《仲裁法》第三十九条规定:"仲裁应当开庭进行。当事人协议不开庭的,仲裁庭可以根据仲裁申请书、答辩书以及其他材料做出裁决。"

仲裁一般不公开进行,这被认为是仲裁的一大优势,即仲裁的私密性。如果当事人一致同意公开审理,也可以公开进行。如中国《仲裁法》第四十条规定:"仲裁不公开进行。当事人协议公开的,可以公开进行,但涉及国家秘密的除外。"

四、仲裁裁决

仲裁庭经过审理后,可以进行调解,调解不成的,应当及时做出裁决。如中国《仲裁法》第五十一条规定:"仲裁庭在做出裁决前,可以先行调解。当事人自愿调解的,仲裁庭应当调解。调解不成的,应当及时做出裁决。调解达成协议的,仲裁庭应当制作调解书或者根据协议的结果制作裁决书。调解书与裁决书具有同等法律效力。"

仲裁裁决应当根据多数仲裁员的意见做出,少数仲裁员的意见可以记录笔录。如中国《仲裁法》第五十三条规定:"裁决应当按照多数仲裁员的意见做出,少数仲裁员的不同意见可以记入笔录。仲裁庭不能形成多数意见时,裁决应当按照首席仲裁员的意见做出。"中国《仲裁法》第五十四条规定:"裁决书应当写明仲裁请求、争议事实、裁决理由、裁决结果、仲裁费用的负担和裁决日期。当事人协议不愿写明争议事实和裁决理由的,可以不写。裁决书由仲裁员签名,加盖仲裁委员会印章。对裁决持不同意见的仲裁员,可以签名,也可以不签名。"

裁决书自做出之日起发生法律效力。一般来说,裁决一经做出,当事人就应该自动履行,但是在实践生活中,往往会出现败诉的当事人拒不执行仲裁裁决,在这种情况下,另一方当事人可以向人民法院实行强制执行。如中国《仲裁法》第六十二条规定:"当事人应当履行裁决。一方当事人不履行的,另一方当事人可以依照民事诉讼法的有关规定向人民法院申请执行。受申请的人民法院应当执行。"

第四节　外国商事仲裁裁决的承认与执行

一、承认与执行外国商事仲裁裁决的含义

当一国的国际商事仲裁机构做出裁决后,如果当事人自觉履行,就不需要得到其他国家的承认与执行,如果当事人不能够自动履行,就需要启动强制执行程序。仲裁机构本身没有强制执行的权力,需要当事人向法院提出申请。这个时候,类似于承认与执行外国法院判决那样,法院就面临如何对待外国仲裁机构做出裁决的问题。基于此,承认与执行外国商事仲裁裁决就是指一国法院针对外国仲裁机构做出的裁决是否予以认可、是否给予协助执行的决策行为。

二、承认与执行外国商事仲裁裁决的条件

各国对承认与执行外国商事仲裁裁决所规定的条件不尽相同,大体有以下几个方面:一是双方当事人达成了有效的仲裁协议;二是仲裁机构所在国家和被申请承认与执行的国家之间有协定、共同参加了国际公约或者存在互惠行为;三是仲裁的程序是合法的;四是承认与执行仲裁裁决与本国的公共秩序不相违背。只有具备上述条件,一国法院才可能承认外国仲裁机构做出的商事裁决并给予协助执行。

三、我国关于涉外仲裁裁决承认与执行的规定

我国针对外国仲裁裁决承认与执行的主要法律依据是《民事诉讼法》《仲裁法》以及国际条约中的《纽约公约》。对于我国仲裁机构做出的裁决,需要向

外国法院提出承认与执行申请的,根据《仲裁法》第七十二条之规定:"涉外仲裁委员会做出的发生法律效力的仲裁裁决,当事人请求执行的,如果被执行人或者其财产不在中华人民共和国领域内,应当由当事人直接向有管辖权的外国法院申请承认和执行。"对于外国仲裁机构做出的裁决,需要向我国法院提出承认与执行申请的,依据我国《民事诉讼法》第二百八十三条规定:"国外仲裁机构的裁决,需要中华人民共和国人民法院承认和执行的,应当由当事人直接向被执行人住所地或者其财产所在地的中级人民法院申请,人民法院应当依照中华人民共和国缔结或者参加的国际条约,或者按照互惠原则办理。"

国际上影响较大的关于国际商事仲裁承认与执行的公约是《纽约公约》,该公约签署于1958年,全称是《承认及执行外国仲裁裁决公约》,专门处理的是外国仲裁裁决的承认和仲裁条款的执行问题。我国于1986年加入该公约,1987年起对我国生效。目前世界上已有一百三十多个国家和地区加入了《纽约公约》,这为承认和执行外国仲裁裁决提供了保证和便利,为进一步开展国际商事仲裁活动起到了推动作用。

第十二章
拓展阅读

第十二章
案例分析

参考文献

[1] 韩德培.国际私法新论[M].武汉:武汉大学出版社,2009.

[2] 韩德培.国际私法[M].3 版.北京:高等教育出版社,2014.

[3] 张仲伯.国际私法学[M].4 版.北京:中国政法大学出版社,2012.

[4] 李双元,欧福永.国际私法教学案例[M].2 版.北京:北京大学出版社,2012.

[5] 李双元.涉外民事关系法律适用法的制定研究[M].长沙:湖南人民出版社,2013.

[6] 李双元,谢石松,欧福永.国际民事诉讼法概论[M].3 版.武汉:武汉大学出版社,2016.

[7] 李双元.中国与国际私法统一化进程[M].武汉:武汉大学出版社.2016.

[8] 李双元,欧福永.国际私法[M].5 版.北京:北京大学出版社,2018.

[9] 马丁·沃尔夫.国际私法[M].2 版.李浩培,汤宗舜,译.北京:北京大学出版社,2009.

[10] 莫里斯.戴西和莫里斯论冲突法[M].李双元,等译.北京:中国大百科全书出版社,1998.

[11] 赵相林.国际私法[M].北京:中国政法大学出版社,2003.

[12] 黄进.国际私法[M].北京:法律出版社,2005.

[13] 肖永平.肖永平论冲突法[M].武汉:武汉大学出版社,2002.

[14] 肖永平.国际私法原理(法学新阶梯)[M].北京:法律出版社,2003.

[15] 肖永平.国际私法原理[M].北京:法律出版社,2007.

[16] 肖永平.法理学视野下的冲突法[M].北京:高等教育出版社,2008.

[17] 丁伟.冲突法论[M].北京:法律出版社,2005.

[18] 章尚锦,杜焕芳.国际私法[M].5 版.北京:中国人民大学出版社,2014.

[19] 杜新丽,宣增益.国际私法[M].5 版.北京:中国政法大学出版社,2017.

[20] 刘仁山.国际私法[M].6 版.北京:中国法制出版社,2019.

[21] 谢石松.国际私法学[M].2 版.北京:高等教育出版社,2017.

[22] 徐冬根.国际私法趋势论[M].北京:北京大学出版社,2005.

[23] 徐冬根.国际私法[M].2 版.北京:北京大学出版社,2013.

[24] 张春良.冲突法的历史逻辑[M].北京:法律出版社,2010.

[25] 宋晓.当代国际私法的实体取向[M].武汉:武汉大学出版社,2004.

［26］　宋晓.中国国际私法的制度生成［M］.北京:北京大学出版社,2018.

［27］　刘颖,吕国民.国际私法资料选编(中英文对照)［M］.北京:中信出版社,2004.

［28］　屈广清.国际民事程序与商事仲裁法［M］.北京:法律出版社,2006.

［29］　何其生.国际私法入门笔记［M］.北京:法律出版社,2019.

［30］　何其生.多元视野下的中国国际私法［M］.北京:高等教育出版社,2019.

［31］　杜涛.国际私法原理［M］.2版.上海:复旦大学出版社,2018.

［32］　霍政欣.国际私法［M］.北京:中国政法大学出版社,2018.

［33］　曾加.国际私法(双语教材)［M］.西安:陕西人民教育出版社,2008.

［34］　许庆坤.美国冲突法理论嬗变的法理:从法律形式主义到法律现实主义［M］.北京:商务印书馆,2009.

［35］　冯霞.国际私法原理与案例［M］.北京:北京大学出版社,2017.

［36］　许军珂.国际私法上的意思自治［M］.北京:法律出版社,2006.

［37］　顾海波.国际私法学新论［M］.沈阳:东北大学出版社,2019.

［38］　方杰.国际私法学说史［M］.北京:中国法制出版社,2017.

［39］　黄亚英.中国国际私法学［M］.厦门:厦门大学出版社,2017.

［40］　秦瑞亭.中国国际私法实证研究［M］.天津:南开大学出版社,2017.

后　记

　　国际私法制度和理论源于国家之间的涉外民事交往,一个国家对外开放的程度深刻影响着该国国际私法制度的完善和理论的创新。我国自改革开放以来,国际私法制度从无到有,逐渐形成体系,在理论研究方面也取得了丰硕的成果。在全面推进依法治国和建设更高水平开放型经济新体制的背景下,我国的对外开放将呈现范围更大、领域更广、层次更深的局面,这将为我国国际私法理论的繁荣发展创造极为有利的条件,也会给国际私法的学科发展、教材编写乃至课程讲授带来很大影响。

　　基于我国对外开放的新形势对国际私法教学以及教材编写提出的新要求,本书的编写力求在内容取舍、体例安排、资料更新等方面有所突破。具体来说,有以下几个特点:一是内容相对简洁,重在核心规范。全书的重心在"总论"部分,用一多半的篇幅介绍了国际私法的基本理论和核心规范。"分论"部分相对简单一些。如此安排的原因是十余年的教学实践使我深深认识到如果把"总论"部分的内容讲好学懂弄通了,"分论"部分就比较容易掌握。二是体例比较新颖,融入了新媒体技术。每章均配有"知识脉络图",便于学生厘清知识要点,增强体系化认知。每章都设置了"拓展阅读"模块,意在开阔学生的视野,促成课程教学与科学研究的有机结合。此外还设置了"案例分析"模块,有利于指导学生结合案例来掌握相关内容。"拓展阅读"和"案例分析"均以二维码的形式附在每章的最后,学生扫描二维码就可以获得相关资料。三是采用最新资料,立足于我国的实际。本书在介绍相关内容时,有意识地选取我国现行法律规定来释疑解惑,比较全面地介绍了《法律适用法》《海商法》《民用航空法》《票据法》以及《民事诉讼法》中的"涉外民事诉讼程序的特别规定"等具体规则,力争让学生在学习过程中熟悉我国的法律规定。基于以上几个特点,本书既适合作高等学校法学专业本科生、法律硕士(非法学)研究生的专业课教材,也可供从事涉外业务的专业工作者参考。

　　全书的编写由我一人完成。在这里我要向促成本书完成的几位老师表示感谢。感谢曾加教授多年来在国际私法学教学方面对我的提携和帮助,感谢同事王钢副教授在国际私法课程讲授方面给我的支持。还要特别感谢中国国际私法学会副会长、西北政法大学王瀚教授在百忙之中为本书出具审读意见,并且提供了一些最新的国际私法资料,这些资料对我今后的研习和本书的完善大有裨益。

最后,要感谢西北大学发展规划与学科建设处和出版社的资助,也特别感谢西北大学出版社柴洁编辑耐心细致的工作,从语言表达到标点符号,柴老师的每一次编校都十分严谨,也特别专业,期待有更多的合作!

虽然在编写过程中尽了最大努力,但是深知本书还存在一些缺憾和不足,甚至有一些错误也在所难免,恳请读者不吝赐教。

2019 年 12 月于西北大学长安校区

代水平